맛, 그리움이 되다

대표에세이 문학회

초판 발행 2025년 11월 1일
지은이 대표에세이 문학회
펴낸이 안창현 **펴낸곳** 코드미디어
북 디자인 Micky Ahn **교정 교열** 강 진

등록 2001년 3월 7일
등록번호 제 25100-2001-5호
주소 서울시 은평구 갈현로 318-1 1층
전화 02-6326-1402 **팩스** 02-388-1302
전자우편 codmedia@codmedia.com

ISBN 979-11-93355-43-5 03810

정가 15,000원

이 책의 판권은 지은이와 코드미디어에 있습니다.
잘못 만들어진 책은 교환해드립니다.

맛,
그리움이 되다

대표에세이 문학회

서문

즐겁게 산다는 것

어느덧 마흔두 번째 동인지를 펴내게 되었습니다. 사람과 비교한다면 기운 왕성한 중년에 이른 시기나 마찬가지이지요. 이런 모습으로 대표에세이의 선후배 선생님들은 언제나 수필 계의 선두 주자로 자리를 잡고 계십니다. 그 소중함 속에서 수필로 인한 인연을 감사하며 더욱 발전하는 대표에세이가 되었으면 합니다.

한편 대표에세이는 중후한 나무와도 같은 형상이라 생각합니다. 역사와 전통마저도 자랑하기에 부족함이 없습니다. 거기에 발맞추어 각자가 빚어내는 수필이 청정한 공기처럼 호흡도 하고 자신의 삶을 인도하는 길잡이가 되고 있습니다.

이번 주제는 음식에 관하여 여러 분야로 소재를 모았습니다. 먹어야 살고 먹어야 삶이 즐겁다고 생각합니다. 이처럼 음식은 우리의 신체를 지키는 중요한 역할을 감당해 냅니다. 그 기본적인 욕구가 해결되면서 현실적인 순위를 생산하며 삶의 질을 높여간다고 짐작합니다.

그중 하나를 특별하게 우리는 누립니다. 바로 쓰는 일입니다. 음식을 만드는 과정부터 먹기까지, 그리고 그 후에 스며드는 효과처럼 글쓰기도 그렇지 않을까 싶습니다. 음식의 재료에 정성을 들인 음식이 맛이 나듯 우리가 쓰는 수필도 그와 같다고 봅니다. 언제나 진지한 마음으로 눈에 뜨이는 사건 하나하나를 살피는 것이 우리의 습관이기도 합니다. 수필의 근원에 머무는 분들입니다. 축복입니다.

2025년

대표에세이 문학회 회장 | 김기자

Contents

서문 _4

산나물의 맛 | 정목일 _10

어머니의 꽁치양념구이 | 지연희 _14

먹고 나누고 사랑하는 일(황해도 만두) | 권남희 _16

술의 기억 | 최문석 _20

등갈비 김치찌개 | 고재동 _24

누르미 전상서 | 안윤자 _29

한 맺힌 짜장면 | 김사연 _33

채식주의자의 변절 | 정인자 _37

어떤 마법 | 박영덕 _41

잡채 속 당근 | 윤영남 _45

사랑의 레시피가 피어난 곳 | 박미경 _49

옥수수, 그 알알한 사랑 | 김정화 _53

기억의 향기 | 김금주 _57

그 많던 분식집은 어디로 갔을까 | 류경희 _61

그 쓴맛을 위하여 | 조현세 _65

신도안 엿 이야기 | 김선화 _70

마지막 만찬 앞에서 | 이해옥 _74

명태가 만드는 세상 | 김윤희 _78

낮술 한 잔을 권하다 | 김현희 _82

단술(식혜) | 옥치부 _86

글쓰기와 요리 | 김상환 _87

여름의 위로, 장떡 | 김경순 _92

김 안 나고 뜨거운 남자 | 허해순 _95

증조할머니와 애저찜 | 김진진 _99

꿈꾸는 애벌레 | 원수연 _105

추억의 입맛 | 전영구 _108

오덕(伍德)을 배운다 | 김기자 _112

누룽지의 시간 | 김영곤 _116

할머니의 손맛 | 전현주 _118

육십, 삶이 내게 준 황홀한 선물 | 김정순 _122

파란 망고 | 신순희 _125

그리움을 맛보다 | 박규리 _128

손국시 한 그릇이 제일이지 | 김순남 _132

씀바귀 | 최 종 _137

쓴맛 단맛 기억의 맛 | 신미선 _141

거지탕 | 조명숙 _145

비앙드 드 그리종 | 백선욱 _149

그 눈빛의 흔적 | 이재천 _154

그리움을 씹다 | 신삼숙 _159

흠흠한 하루 | 강지연 _163

커피 이야기 | 정석대 _166

곱창 VS 곱창 | 박용철 _170

봄 마늘 | 권 은 _173

한 입만 먹어볼래? | 허복희 _178

아내의 집밥 | 이대범 _182

회식 문화 엿보기 | 오대환 _187

최고의 만찬 | 박소미 _192

추어탕 추·억·탕 | 손효선 _198

무릇 | 이광순 _202

단골손님 | 강문규 _206

박하사탕 | 정택영 _211

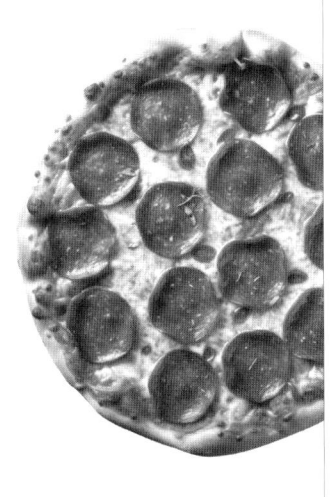

우리 집 소울 푸드 | 류순희 _216

생강의 맛 | 방용호 _220

엄마와 고구마 | 우윤문 _226

토마토 스크램블 에그 | 이혜정 _231

토란 | 김현미 _235

작가의 방과 된장찌개 | 전명혜 _241

황혼의 뜨락 | 김 영 _247

추억을 부르는 향 | 김미숙 _251

차조기 장떡 | 이순희 _255

삼계탕 | 이효종 _259

산나물의 맛

정목일

봄의 입맛은 산나물로부터 온다. 얼어붙었던 땅을 뚫고 보드랍고 순한 새순이 피어나는 모습은 그 자체만으로도 신비다. 산나물 맛은 순후하다. 맑고 담백하다. 산의 기운과 향기를 풍긴다.

산나물은 산의 만 년 명상의 맛을 지녔다. 하늘의 맑음과 땅의 순박함에서 우러난 맛일까. 나물마다 제각각 다른 미각의 향연은 이른 봄 산촌에서 맛볼 수 있다. 깊은 산속에서 채취한 산나물은 맛이 더 깊고 온후하다. 산나물을 맛보려면 때를 맞추어야 한다. 산골짜기에 사는 사람들의 기별을 듣거나, 높은 산이 있는 근방의 오일장에 나가 보아야 제때의 산나물을 맛볼 수 있다.

봄나물은 약초나 다름없다. 봄에 백 가지 산나물을 먹으면 만병에 효험이 있다고 한다. 제일 먼저 눈을 틔우는 홑잎 나물들은 맛이 은근하고, 한 가지에 한 촉씩 나는 두릅나물의 맛은 귀하고 상큼하다. 취나물은 혀끝을 향기롭게 하고 격조가 있다. 제피나물은 속을 따스하게 만들며 자극적이지만 입맛을 동하게 만든다. 삶아낸 머위 잎은 쌉쓰레 하면서 입맛을 돋우고 초장에 쌈을 싸 먹는다. 줄기는 국을 끓이거나 장아찌를 만들어낸다. 가시오가피 나물은 쌉쓰레하면서도 깊고 향긋한 맛이 있다.

산나물의 맛은 어디서 오는 것일까. 땅심의 맛이요, 빗방울의 맛, 바람의 맛일지 모른다. 혀를 대면 착하고 순박함을 느낀다. 산나물은 산야초여서 꽃들도 삼삼하고 눈에 잘 띄지 않게 수수하다. 세속에 때 묻지 않은 진솔한 모습이다. 소박하나 진실한 맛을 낸다. 더덕은 뿌리만이 아니고 잎도 손색없는 나물이다. 미역초, 개미초, 너들강 바위 틈새에 자라는 다래 순을 보면 싱싱한 생명력을 느낄 수 있다.

산나물은 산이 내린 선물이다. 우리나라는 국토의 70%가 산이다. 우리 겨레는 산기슭에 마을을 이루며 살아왔다. 삶을 산에 의지한 모습을 보인다. 한국인은 산정기를 타고 태어난다고 믿고, 죽어서 산에 묻히므로 산과는 불가분의 인연을 맺고 있다. 한국인은 외국에 나가 살더라도 산이 있는 곳에 살아야 정서적으로 안정을 얻는다. 한국인의 마음속에는 '청산靑山'이란 이상향理想鄕이 있고, 그곳에서 먹을 수 있는 음식이 산나물과 산山 과실이다.

산나물은 임자가 따로 없다. 누구나 채취할 수 있고 욕심을 부리지 않는다. 가공적인 식품이 아니요, 하늘이 내린 천연 생물이어서 천성이 순수하다. 산나물을 데쳐 주물러낼 적에는 조미료를 넣고 고무장갑을 끼어선 안 된다. 집에서 손수 담은 된장이나 간장, 고추장을 넣고 손으로 주물러 내야 제맛이 난다. 산나물의 맛은 소박한 손맛이 아닐 수 없다. 우리 땅이 키워낸 나물과 집에서 손수 담은 장醬이 어울린 맛이다.

가죽자반은 토종 가죽나무잎을 따다가 끓는 물에 담갔다 꺼내서 풀을 칠하고 건조시킨다. 다시 찹쌀 풀을 묻힌 후 말린 다음에 기름에 두 번 정도 튀겨내는 과정을 거쳐야 한다. 고사리는 볕에 말려서 일 년 내내 먹을 수 있게 장만해 놓기도 한다.

내가 아는 농촌의 친척 집에 손님이 오면, 안주인은 흰 무명 수건을 머리에 쓴 채 손님을 감나무 밑의 평상이나 대청마루에 쉬게 한 다음, 자신은 큰 소쿠리를 들고 텃밭으로 횡하니 달려갔다. 이때부터 안주인은 음식 장만을 하느라 눈코 뜰 새가 없었다. 얼굴엔 땀이 송글송글 맺혔다. 텃밭에서 채소를 뽑고 오이, 가지를 따고 호박잎을 뜯어 마당에 가져와 그 자리에서 불을 피워 요리를 하기 시작했다. 부글부글 끓는 국물 냄새와 조물조물 무치는 나물, 나무 타는 냄새와 피어오르는 연기로 집안은 온통 짭조름한 미각의 환상에 빠져들게 만들었다. 농촌의 안주인이야말로 즉석요리의 대가요, 맛의 합주를 연주하는 지휘자임을 느낀다. 이때 긴요하게 고사리나물과 가죽자반이 나와 인기를 끈다. 금세 남새밭에서 가져온 채소와 나물거리를 데치고 무쳐내 입맛을 돋워준다. 이런 맛의 초대를 지금은 어디서 받을 수 있을까. 인정과 마음이 담긴 정성의 맛이요, 자연이 준 순수한 맛이기에 잊혀지지 않는다.

산나물은 욕심 없는 사람들을 위한 산의 은총이다. 산을 의지해 산기슭에 사는 사람들을 먹여 살리기 위해서, 산이 가장 선하고 푸짐한 산나물을 주신 모양이다. 반찬이 되고 약초도 되는 산나물은 착한 마음을 갖게 하고, 산처럼 안정감을 갖게 만든다. 만약에 궁핍한 생활을 하는 산촌 사람들에게 산나물이 없다면 그 어려움을 어떻게 견뎌낼 수 있을까.

봄이면 지리산 기슭의 마을에 가서 봄 경치를 구경하면서 산나물 맛을 본다면 더 이상 무엇을 바랄 것인가. 산나물들이 반지르르 새 빛을 내는 모습과 향기를 맡으며 깨어나는 생명의 신비를 느끼고 싶다.

산나물 맛은 그냥 한 음식의 미각이 아니다. 산의 높고 담담한 묵상의 맛, 고요의 맛이 깃들어 있다. 한없이 착하고 후덕한 마음의 향기가 담겨 있다. 근심 걱정을 잊게 하는 맛의 미소가 있다.

정목일 | 『월간문학』 수필 등단(1975년), 『현대문학』 수필 천료(1976년). 수상 : 한국문학상, 조경희문학상, 원종린문학상, 흑구문학상 등. 대표 저서 : 수필집 『아름다운 배경』, 수필 평론집 『한국 현대수필의 탐색』, 문학론 『행복한 수필 쓰기-현대수필 창작의 이론과 실제』, 기행집 『실크로드-세계역사문화기행』 외. 한국문인협회 부이사장 역임. 연세대 미래교육원 수필 지도교수 역임. 한국문인협회 수필교실 지도교수 역임. 다음 카페 '정목일문학관'. E-mail : namuhae@hanmail.net

어머니의 꽁치양념구이

지연희

준비해 두었던 시간이 다가온 듯 플라타너스 나무 밑으로 누렇게 마른 잎 하나가 온몸을 웅크리고 떨어졌다. 저 빈한한 자세는 무엇인지 가까이 다가가 눈을 맞춰보았다. 젖은 물기란 물기는 깡그리 증발되어진 모양새다. 평생 자식을 위해 헌신하시다 병상에 누운 어머니의 통증 같아 가슴을 모았다. 엄지와 검지로 살며시 들어 올렸을 뿐인데도 바스락 잎 조각이 떨어져 내린다.

생명의 흐름들이 뚝뚝 끊어져 바스러지고 있었다. 처절한 무심으로 가루가 되어 내리는 마름의 상징적 의미는 무엇일까. 어머니의 몸속 생명의 기운이 빈틈없이 소진되어진 땅에 떨어진 가을 잎이다. 나무는 앙상한 마른 잎으로 주검이라는 생의 흔적을 짓고 있었다.

어머니는 나물무침을 좋아하셨다. 시금치나물 콩나물 쑥갓나물 취나물 등 참기름으로부터 갖은양념을 넣어 무친 어머니의 나물 반찬은 식구들을 비롯하여 동네 사람들에게도 칭송이 자자했다. 하지만 어머니의 나물 반찬은 우선이 아니었다. 어린 시절의 어머니가 가장 정성 들여 식구들에게 만들어주신 반찬은 꽁치구이였다.

창고에서 꺼낸 풍로에 굵직한 숯덩이를 적당히 얹어 놓고는 불씨를 집혀 풍구질을 했다. 활활 타오르는 숯불 위에 석쇠를 올려놓고 매끄럽게 길이 든 석쇠 위에 불명을 먹은 꽁치들이 앞으로 뒤로 구수한 냄새를 피워내며 구워지고 있었다. 자주 먹을 수 없는 꽁치구이는 가끔씩 어머니가 식구들에게 베풀어 주신 선물이었다. 짜지도 싱겁지도 않던 특별한 맛이었다.

지금은 맛볼 수 없는 어머니의 꽁치구이는 아무리 흉내를 내도 찾아낼 수 없는 신비의 맛이다. 오래전 세상을 버리신 어머니의 음식 솜씨는 하나뿐인 언니가 물려받아 오지랖 높은 솜씨로 이집 저집 사람들에게 나누어 주고 있다. 풍로와 풍구질을 사용할 순 없지만 언니 역시 꽁치구이를 좋아한다.

화단 둘레에 앉아 채송화 모종을 심던 어머니의 모습이 그립다. 봉숭화꽃이 피는 봄에서 여름까지 우리 집 화단에는 크고 작은 꽃들이 피곤 했다. 붉은 접시꽃이며 해바라기 꽃양귀비 어머니의 손길은 음식으로만 언급하기는 쉽지 않은 분이었다. 곧 가을이다. 앞으로 열흘이면 어머니의 기일이 돌아온다. 어머니의 정성으로 구워진 꽁치구이가 먹고 싶다.

지연희 | 『한국수필』(1982년), 『월간문학』수필부문 신인상(1983년), 『시문학』신인문학상(2003년) 당선. 제5회 동포문학상, 제11회 한국수필문학상, 대한민국 예총 예술인상, 제9회 구름카페문학상, 제30회 동국문학상, 제12회 조경희수필문학상, 제58회 한국문학상 수상, 2022년 부산여성문학상 대상 수상. 저서 : 수필집 『식탁 위 사과 한 알의 낯빛이 저리 붉다』 외 16권, 시집 『메신저』 『숨결』 외 9권, 작품론 『현대시작품론』 『현대수필작품론』 『지연희작품세계』. 사)한국문인협회 수필분과회장 25대, 26대 역임, 사)한국수필가협회 이사장 역임, 사)한국여성문학인회 이사장 역임, 사)현대시인협회 이사, 사)한국시인협회 회원. 계간 『문파』 발행인.

먹고 나누고 사랑하는 일
-황해도 만두

권남희

황해도 해주가 고향인 아버지는 어머니에게 만두 만드는 방법을 가르쳐주었다. 가족을 위한 일이라면 무슨 일이든 열정적이었던 어머니는 힘들이지 않고 만두를 만들었다.

'만두 만들자'

겨울방학 무렵이면 어머니가 우리를 불러 앉힌다. 그리고 둥근 나무상도 펼친다. 4남매는 상에 둘러앉아 어머니가 만들어 둔 만두소를 만두피에 넣고 만두 모양을 잡기 시작한다. 손이 빠르고 일을 겁내지 않았던 어머니는 미리 만들어 둔 밀가루 반죽 덩어리에서 한 웅큼씩 떼어내 만두피를 만든다. 어머니를 따라 나도 팔뚝 크기의 나무 밀대로 반죽을 밀어 피를 만든다. 꾀부리느라 적당히 밀면 껍질이 두꺼워 퍽퍽한 만두가 되고 너무 얇으면 축축한 만두소가 터져 나온다. 나름 기술을 익혀야 하는 이유로 힘들고 한나절 씨름하다 보면 지루하다. 나중에는 내가 적당히 밀고 어머니가 다시 둥글게 모양을 잡느라 이리저리 돌려가며 반죽을 밀어 자연스럽게 도제관계가 형성이 된다. 때로 남동생들이 만두피를 만들겠다며 일을 바꾸자고 한다. 더 쉬워 보이지만 그 또한 금방 바꾼다. 힘으로 밀면 찢어지고 생각보다 섬세한 요령이 필요하기 때문이다.

이쯤이면,

이야기꾼 아버지가 천천히 만두를 빚으면서 만두 전설을 시작한다.

찐빵을 쪄먹자고 떼 부리는 자식들에게 아버지는 믿거나말거나식 만두 이야기를 한다.

'아버지 전생은 고려시대 장군이었는데 그때 쌍화점 가게에서 만두를 사 먹었어. 천 년 후에는 황해도 해주에서 다시 7남매의 둘째 아들로 태어났단다. 그때는 만두를 설날에 먹었고 제사상에 올렸어. 그러다가 형 대신(장남은 집안을 이어가야 하니까) 일본 탄광으로 끌려갔는데 그곳에서 만두 빵을 먹었지.'

아버지의 마무리는 언제나 같았다.

"원래 만두는 중국에서 왕과 귀족들 제사에 올렸는데 아버지 덕에 손바닥만 하게 큰 만두를 먹지 않냐?"

쫄깃한 만두피 식감의 만두를 먹을 기대로 우리는 아버지의 되풀이 이야기를 잘 참고 들어주었다고 본다.

저녁이면 동네 아주머니들이 만두를 만들기 위해 찾아든다. TV가 없던 시절이다. 아버지는 황해도 만두 만들기를 설명하고 덤으로 전설의 고향 이야기를 풀어냈는데 한 번도 같은 이야기가 없었던 걸로 기억한다.

만두를 빚으면서 우리도 덩달아 말이 많아진다.

만두소는 김치와 숙주나물, 돼지고기를 썰고 두부를 부숴 물기를 적당히 짜낸 다음 달걀을 풀어 잘 섞는다. 만두를 익혔을 때 잘 뭉치고 촉촉함도 머금어 맛을 내야 한다.

어른 손바닥 크기의 만두피에 소를 넣어 가장자리를 눌러가며 붙인다. 황해도 만두는 크기부터 크다. 아이들 손보다 큰 만두피 가장자리를 잘 돌려가며 붙여야 하는데 들쑥날쑥이기도 하고 한 시간이 지나면서부터 동생들은 진력을 내기 시작한다. 이때면 어머니는 미리 만들어 둔 육수로 만둣국을 끓여 한 사발씩 안겨준다. 돼지고기와 김치가 중심이 되고 두부, 숙주가 어우러진 만두는 우리들의 겨울을 풍성하게 만들고 동네에도 몇 그릇씩 돌렸다. 만둣국으로 잔칫날이 되는 풍경도 뿌듯했다.

절에 다녔던 어머니는 스님들에게 드릴 고기 뺀 만두를 따로 만들었다. 만두피는 밀기도 힘들어 젊은 스님이 밀곤 한다며 만두피도 더 만들었다.

겨울 방학이면 몇 번씩 날을 잡아서 동네 사람들이 모여서 만드는 만두는 김장김치와 함께 우리의 양식이었다.

젊은 어머니와 함께 아버지가 일러준 만두를 만들어 겨울이면 내내 먹다가 서울살이를 하면서 멀어졌다. 더러 만두를 먹고 싶을 때는 평양냉면집, 함흥냉면 집에 들렀다. 중국 식당은 피가 얇고 작은 물만두, 기름에 살짝 지져낸 군만두(소가 거의 당면으로 채워짐) 교자만두, 바오쯔(빵 느낌의 만두), 딤섬(육즙 가득한 새우살이나 돼지고기) 등이 또 다른 맛이었다.

 더 나중에는 일본식 만주(단맛의 팥소), 피를 발효시켜 고기나 단팥을 소로 넣은 찐빵 같은 만두를 먹었다.

 겨울철 별미였던, 이북식 명절 음식 만두는 쉽게 만날 수가 없다. 아버지가 돌아가신 후부터 우리는 만두를 만들지 않는다. 아낌없이 나누었던 사랑과 정이 쓰러진 채 오랜 시간 썰렁하게 겨울이 지나갔다.

 언제나 먹을 수 있어 흔하다고 생각했던 황해도 만두가 그리워 상상을 한다.

 일본 소설 『달팽이 식당』 주인공처럼 고향으로 돌아가 하루에 한 팀만 받는 식당을 여는 꿈이다. 소설에서 식당은 점점 입소문이 나기 시작한다. 그곳에서 식사를 하면 연애 등의 일이 성사되어 기쁜 일이 벌어지기 때문이다.

 내 고향에 차린 만두 식당을 찾는 사람들도 그런 사랑과 행운을 덤으로 가져가는 풍경을 꿈꾼다.

---

* 만두 : dumpling 덩어리에서 유래.
* 딤섬 : 点心,點心 유래.(아침과 저녁 사이의 간단한 음식을 먹는 행위)
* 강화도 학생 분식(길상면 온수길) // 목포(대청) 2014년 11시~3시까지만 했음.
* 부천(황해도 김치 만두 전골) // 황해도 전통 손만두국 (충남 공주).

권남희 | 『월간문학』 수필 등단(1987년). (사) 한국수필가협회 편집주간 13년. 현재 (사)한국수필협회 이사장. (사)한국문인협회 수필분과회장. 한국문학 예술인 저작권 협회 위원. 국제펜 한국본부 회원 .대표에세이 회원 등. 강의 : 롯데문화센터 강남점. 리더스 수필연구반 외. 저서 : 수필집 『미시족』 『어머니의 남자』 『시간의 방 혼자 남다』 『그대 삶의 붉은 포도밭』 『육감 하이테크』 『목마른 도시』 『이제 유명해지지 않기로 했다』 『민흘림 기둥을 세우다』 등 14권. 수상 : 한국수필문학상, 한국문협 작가상, 구름카페문학상, 올해의 에세이스트상 등.

술의 기억

최문석

작년 나의 팔십사 회 생일날에 나는 술을 한잔 먹었다. 내가 병원 응급실에 실려 간 이후 육 년 만에 처음으로 들어보는 술이다. 그 후로는 기회가 될 때면 조금씩 마시기는 해도 석 잔을 넘기지는 않는다. 젊은 시절 내가 과음하는 것이 못마땅하신 어머니는 늘 증조할아버지의 예를 들어 나를 타이르셨다. 술을 무척 즐겨 하셨지만 어머니의 명이 있어 절대로 석 잔을 넘겨 드시는 일이 없었다고 전해지고 있었다. 그의 한문 시를 시조로 번역하여 아버님께서 〈하정시집〉이란 책을 내신 까닭으로 내가 태어나는 해에 돌아가셨음에도 나는 증조할아버지에 대해서는 잘 알고 있었기 때문이다. 이제 나는 팔십이 넘고서야 어머니의 말씀을 따르고 있는가 싶어 웃음이 나왔다.

내가 처음으로 술을 먹어본 것은 초등학교 이 학년 내 나이 여덟 살 때쯤으로 기억된다. 어느 일요일 머슴이 일하는 밭에 막걸리를 갖다주라는 심부름을 할 때, 혼자 마시기가 심심하였던지 잔을 내밀며 너도 먹어보라는 술을 주는 대로 받아 마셨다. 낯이 벌게져서 비틀거리며 집으로 들어오는 것을 발견한 어머니는 나를 방으로 밀어 넣고 이불을 뒤집어 씌워버렸다. 그때 유행하던 밀주 단속 꾼을 파하던 솜씨로 나를 감춰버린 것이다. 아마 그 모습을 아버지가 보셨다면 틀림없이 회초리를 해오라 하시고는 종아리를 쳤을 것이기 때문이다.

 내가 고등학교를 서울로 진학하고부터는 서울에 있는 숙부님 집에서 생활을 했다. 숙부님께서 술이 반쯤 취해 들어오시거나 귀한 안줏감이 있을 때는 나를 불러 대작을 하셨다. 명분은 음주 교육이다. 그 시절에는 음주가 사회생활의 필수과목 즘으로 생각되던 때라 조기교육의 명분이 충분하였다. 술은 두 손으로 받아라. 어른 앞에서는 고개를 조금 옆으로 돌리고 마셔라. 될 수 있는 대로 꿇어앉아라. 등등의 주법 강의와 어른들의 술에 얽힌 역사 강의가 주를 이루었지만 나는 긴장하여 꽤 여러 잔을 마셔도 취할 수가 없었다. 그러나 이와 같이 기초과목과 실습을 충분히 마친 음주 실력은 대학에 가서 이제 막 술을 배우는 친구들에게는 당연히 그 실력이 빛날 수밖에 없었다. 주당 당수 노릇의 덕분으로 나는 꽤 많은 책을 읽을 수 있었다. 독서가 무슨 교양을 쌓기 위해서 라거나 진리 탐구를 위한 노력이 아니라 술좌석에서의 담화를 주도하기 위해서라니 한심할 수밖에 없는 일이다. 그러나 그때 읽은 독서가 내가 수필을 쓰는 거름이 되었다고 생각되니 인생살이의 득실은 참으로 불가사의한 것이다. 술에 취해서 시간을 보내고 전공 외의 독서에 정력을 소비한 대가를 나는 혹독하게 치러야 했기 때문이다. 상급 학년이 되어 기초가 부족한 나는 전공과목의 강의를 이해할 수가 없었다. '독서 백번이면 이자통'이란 신조로 밤

새워 날치기 공부를 열심히 하였지만 시험을 통과할 수가 없었던 나는 전과를 생각할 만큼 심각한 위기를 겪어야 했다. 물리학 과목은 기초가 되지 않으면 고급 과목은 이해가 불가능 하기 때문이다.

답을 찾지 못한 채 나는 시간을 벌기 위해 군대를 자원입대하고 말았다. 제대 후 단련된 군대 정신으로 기초부터 새롭게 시작한 전공 공부는 별로 어려움 없이 졸업을 할 수 있었기에 나는 대한민국의 입영 제도에 늘 감사함을 갖고 있다. 내가 살아오면서 어려운 일이 닥칠 때마다 항상 기본을 생각하고 기초부터 반복하여 다져나가는 방법은 언제나 일을 쉽게 풀어가는 경험이 되었다. 그 후 숙부님으로부터 배운 음주 교육은 내가 대학에서 강의를 하면서 비로소 유용한 내용이 된다.

한 학기 강의가 끝나고 나면 책거리라는 명목으로 술판을 벌였다. 요즈음 사람들의 생각으로는 어떨지 몰라도 그때의 분위기로는 사제 간의 술좌석은 참으로 화기애애하고 할 말이 넘쳤다. 그때 사범대학은 졸업과 더불어 백프로 발령이 났기 때문에 갓 취업한 선생님에게는 위로는 형님뻘의 주임 선생님과 아버지뻘의 교감 선생님이 한 교무실에서 생활하면서 수시로 여러 가지 명분으로 술좌석이 벌어진다. 이때 술 취한 기분에 자칫 저질러질 수 있는 실수는 꼬리표가 되어 좁은 교직 사회를 따라다니면서 족쇄가 될 수도 있다는 것이 강의 주제다. 그러고는 일찍이 익힌 여러 가지 주법 각론들을 진지하게 설명하는 것이다. 나의 주법 강의에 심취하여 그들끼리 이차 삼차로 실습을 거친 결과로 다음 날 새벽 경찰서로부터 전화를 받고 나가 신병을 인수해야 하는 수고를 겪기도 하고, 해장국집으로 데려가서 술 먹은 후의 건강관리까지 마무리를 하기도 했다. 한참 세월이 흐른 후 중견 교사가 되어 만난 제자로부터 교수님의 물리학 강의는 기억이 별로 없는데 주법 강의는 아직도 생생하여 스스로 후배들께 전수하고 있다는 감회를 들을 때는 흐뭇하기도 했다. 그러나 나도 이제 술에 대한 정리가 필요하다는 생각이 든다. 한때 열심히 술을 같이 마셔대던 친구들이 하나둘 저세상으로 떠나가고, 어떤 친구는 그때 우리가 술 마시는 데 쓴 돈을 아껴서 땅이라도 몇 평 사 두었더라면 지금쯤 부자가 되었을지도 모르겠다는 후회의 이야기도 귓가에 남는다. 그러나 뭔가 긍정적인 이유를 찾아 한참을 혼자서 낑낑댄 나의 변명은 간단하다. 그래 그때 사 둔 땅으로 부자가 되었다면 이제 죽을 날도 얼마 남지 않았는데 저승에 갖고 갈래? 그래도 나는 술 마신 덕택으로 술을 주제로 한 수필이라도 몇 편 쓰지 않았느냐는 것이다. 「주당」「독작」「다모토리」 같은 나의 작품은 내가 술꾼이었기 때문에 쓰여진 글이 아닌가. 수필은 경험을 토대로 쓰여지는 문학이라는 거창한 이론이 나의 결론이다. 대작對酌으로 배운 술이 여기저기 수작酬酌을 부리다 보니 삶에 덕도 되고 해도 되었다고 짐작斟酌을 해본다. 이제는 나이와 건강을 참작하여 절주하기로 작정을 한 셈이다. 인생 말년에 죄인처럼 음주 인생을 고백하면서 젊은 시절 읽었던 선배 문인들의 호탕한 취중 담이 새삼 그리울 뿐이다.

최문석 | 『월간문학』 수필 등단(1987년). 저서 : 수필집 『에세이 첨단과학』 『살아있는 오늘과 풀꽃의 미소』, 시론 『崔文錫의 詩論(2001년)』. 한국문인협회원, 대표에세이 문학회 회장 역임, 경남문학회 회장, 사)남명학연구원. 학교법인 삼현학원 이사장.

등갈비 김치찌개

고재동

"낼모레 병원 갈 때는 같이 가요. 이번엔 CT 찍고 내시경도 해야 하니... 번번이 애들을 소환할 수도 없고 하잖니껴?"

"이젠 장거리 운전이 자신이 없어. 타이어 마모가 심해 교체도 해야 하는데 다음 주쯤으로 미뤄놓고 있거든…."

"그럼 아이들한테 버스표 끊어달라고 해서 같이 버스 타고 다녀오시더. 앞으로 병원 갈 날도 얼마 남지 않았으니까…."

"……."

무응답은 곧 긍정임을 알고 있는 아내는 서울 막내한테 전화를 넣어 버스표 한 장을 더 청구한다.

새벽같이 내 택시로 집을 나서 터미널 주차장에 차를 세우고 버스에 올랐다. 5시 50분 정시에 버스가 출발했다. 옆 좌석에서 지인을 만났다. 강남에 있는 치과에 간다고 했다. 서울로 가는, 특히 오늘같이 월요일 첫 버스엔 90%가 서울 병원에 가는 승객이라는 것.

강남터미널 택시 승강장엔 줄이 그렇게 길진 않았다. 9시가 가깝다

보니 출근 시간이 지나고 있어서인 모양이다.

"어서 오세요. 어디로 모실까요"

"수고하십니다. 일원동 S 병원으로 가 주세요."

늘 내가 택시 운전석에 앉아 손님을 모셨는데 오늘은 주객이 전도되었다.

"어디서 오셨어요? 혹시 경상도에서 오셨나요?"

내 억양에서 티가 났던 모양이다.

"네. 경북 안동에서 왔니더"

"그러시죠. 제 처가 영주 출신이거든요. 왠지 익숙한 억양이라 했습니다. 반갑습니다."

"네. 저도 반갑네요. 서울의 택시 돈벌이는 어떻습니까? 저도 고향에서 택시 운전을 하고 있거든요."

"아시다시피 요즘 경기가 너무 안 좋아서요. 저 자가용들 보세요. 서울 택시가 7만 대입니다. 우리처럼 퇴직한 사람이 용돈벌이 정도로 생각하고 성실히만 하면 손주 용돈 줄 정도까지는 법니다. 절대 젊은 사람이 생활하며 벌어먹고 살기는 힘들어요."

"그렇지요. 이 나이까지 일할 수 있다는 게 얼마나 다행입니까?"

나보다 두 살 위인 뱀띠라는 그분은 회사 영업 관리직으로 근무하다가 중압감과 스트레스 때문에 조기 퇴직하여 20년 가까이 택시업에 종사하고 있다고 했다.

"저는 현재 직업에 만족하고 있습니다. 새벽 2시에 일어나서 신문을 읽고 간단한 운동을 한 후 4시에 일하러 나옵니다. 규칙적인 생활을 하고 스트레스받는 일은 피해 갑니다. 갑질하는 손님 앞에서는 철저하게 을이 됩니다. 그러면 속이 편합니다. 저녁 시간에 술 마신 손님을 피하면서 스트레스를 줄입니다."

"네에."

나와는 정반대의 시간에 영업을 하는 그는 신조가 뚜렷했다. 또 달변이었다. 20대 초반 군에 갈 때와 몸무게가 똑같다는 그는 절대 소식하고 채식과 잡곡밥을 먹고 기름진 음식은 먹질 않는다고 했다. 이 또한 나와는 정반대였다.

안개가 눈을 가린

호텔 근처 전경은

바닷가였는지

가늠하기가 어렵구나

호텔의

조식은 뷔페여서

배 터지게 먹었다

— 「대식가」

호주 관광 이틀째. 집을 나선 지는 사흘째다. 호주 땅에 발을 디딘 후 첫 점심 식사는 파스타와 스파게티였다. 불어 터진 면에 야채와 콜라가 전부였다. 김빠진 맥주 한 잔은 별도 메뉴였는데 우리 돈으로 만 원이나 했다. 일주일간의 먹거리가 적이 걱정되었는데 다음 날 호텔 뷔페 조식에서 배를 채웠다.

   호주가 전 세계 포도 생산량의 75%란다. 좋은 토질에 질 좋은 사람을 닮은 포도. 포도원 식당에서의 점심 식사도 포도 맛(?) 이었다.

   뉴캐슬 도심 속에 대규모 공동묘지 모두가 평장으로 화려하게 지어져 있었다. 희한한 게 묘지 앞 저택 가격은 떨어지는 법이 없단다.

   드넓은 초지에서 소 댓 마리가 풀을 뜯고 있었다. 쫓는 자가 없으니 소 마을은 평화로웠다. 검정소는 연애할 생각조차 아니 하고 산다고 했다.

   평화로운 아나베이 모래 언덕 가는 길. 옆을 보고 앞을 봐도 울타리가 하나 없다. 하늘이 나지막한 마을 뭉게구름도 쉬어간다.

   우리 일행 스물한 명, 남녀노소 신이 났다. 우리나라 웬만한 방송에는 방영됐다는 모래 언덕. 제일 신난 아내는 여섯 번째 올라간다. 나는 고작 낮은 코스 두 번. 그녀가 모래 언덕을 전세라도 낸 듯. 아내는 남들보다 더 오른 대가를 톡톡히 치렀다. 그 당시에는 모르고 있었는데 친정엄마한테 물려받은 보석 팔찌를 모래 언덕에 묻었다.

   다음 코스는 호주의 국립공원이었다. 코알라와 캥거루가 국립공원을 점령하고 있었다. 2,000종 벌들도 공원의 식구들이란다. 호주의 국립공원은 동물이 책임 관리하고 있었다.

사흘 만에 한식당에서 등갈비 김치찌개를 먹었다. 깻잎김치, 미역무침, 단무지도 한국산. 모처럼 김치 냄새에 취해 보는 저녁녘이었다. 사흘 만에 호주에서 먹는 한식이라 반갑긴 했다. 그러나 뭔가 부족한, 5% 모자라는 맛의 김치찌개였다.

김치를 즐겨 먹지 않는 나는 김치찌개를 좋아하는 편은 아니었다. 군 시절, 찬 중 신김치는 포항 출신 후배에게 양보했다. 아내가 끓여 내는 김치찌개는 돼지비계를 골라 먹는 재미로 먹긴 한다.

지구 반대편 이국땅에서 먹는 김치찌개가 다들 별미라고는 하지만 아내표 돼지비계 김치찌개에 비할 바는 아니었다.

난리법석 포도원 치킨버거 맛이란
와인까지 먹고 나니 그 맛을 알 듯 말 듯
호주는
손님이 왕이 아닌
주인이 왕인 나라

고재동 | 『월간문학』 수필 등단(1988년). 수상 : 제39회 한국수필문학상 외. 저서 : 시집 『바람색 하늘』 외, 수필집 『낮달에 들킨 마음』 외. 前 대표에세이 문학회 회장, 국제PEN한국본부 경북위원회 회장, 한국문인협회 안동지부 회장. 現 와룡문학회 회장.

누르미 전상서

안윤자

맛, 그 포만의 추구는 인간의 심층적인 욕구다. 본능이기 때문이다. 그럼에도 오랜 세월, 나는 먹는 것엔 이상하리만치 관심을 기울이지 않고 살아왔다. 관념화된 의식의 파편일지도 모르겠다.

허니 맛집을 찾아다니고 미슐랭 3 스타, 뭐 이런 호들갑스런 미식가 족속은 언제나 낯설다. 스스로가 딴 별에서 온 개체처럼 여겨질 때도 가끔은 있으니까. 시간을 축내면서까지 줄을 길게 늘어서서 기다렸다 감지덕지 밥 한술 얻어먹고 나오는 그런 성의도 당연히 유예했다.

일전에 삼청동 어느 한정식집에서 지인인 출판사 대표를 모시고 점심을 먹고 나왔는데 줄을 길게 서서 기다리고 있는 대열을 보고는 깜짝 놀랐다. 그 후로 그 음식점을 다시 찾아간 일은 물론 없다. 굳이 줄을 늘어서면서까지 한 끼 밥을 해결하는 그런 낭만에 대해 나는 어떤 감흥도, 흥미도 느끼지 못한다. 식욕과 성욕은 동일 선상이라는데 그런 면에서 평생을 난 메이저가 아닌 마이너 적 사고로 살아온 걸 부인하지는 못할 것 같다.

아무려나 그렇게도 소극적 취향이지만 그런 내게도 좋아하는 음식은 있다. 그것도 아주 좋아하고 먹어도, 먹어도 질린 적이 한 번도 없는 음식, 부침개. 어렸을 적에 집에서는 그걸 누르미라고 했다. 김치누르미, 야채누르미.

삼십 대 중반부터 오십 대 초반경까지 족히 누르미가 내 양식의 주류였다. 어머니가 김장해서 냉장고에 그득히 포기김치를 넣어주고 가시면 그날로부터 나는 겨우내 김치부침개로 연명하였으므로. 유난히 양이 작았고 식욕이란 걸 딱히 느껴보지도 못하고 살아온 인생이지만 부침개만큼은 예외다. 단 한 번도 맛이 없었던 적이 없었으니 내 식탁에서 부침개는 가장 많이 소비된 양식이다.

밥이 들어가는 양과 부침개 들어가는 양은 정말로 달라서 밥은 한 숟가락이면 금방 배가 불러오는데 부침개는 두 장도, 세 장도 단숨에 먹어 치우니 알다가도 모를 일. 밥 들어가는 구멍과 부침개 들어가는 양 꾸리가 다른가 보다. 어느 밥상이 되었든 간에, 또 산해진미가 즐비하게 차려진 뷔페라도 부침개가 눈에 띄었다하면 일단은 그것부터 덜어다가 양을 채우고 본다. 먹어도 또 먹어도 맛있는 음식, 질리지도 않는 식단이 부침개다.

부침개와 나, 그게 만일 남녀상열지사라도 되었더라면 얼마나 뜨거운 찰떡궁합이었을까. 백 년인들 잡은 손을 놓았겠나. 질리지도 꼴 보기 싫지도 않았겠지. 비록 남의 눈에는 아니꼽살머리스런 한 쌍의 바퀴벌레로 보였을지라도.

나는 때때로 누르미나 부쳐 먹을까, 속으로 궁리하는 날이 있다. 누르미는 충청도 방언이다. 어려서부터 그리 불러왔기에 혼자서 중얼거릴 때는 굳이 부침개라는 서울말로 잘 고쳐 부르지 않는다. 누르미에는 누르미가 지닌 맛과 멋이 있고 색깔이 있으며 어렸던 날의 애틋한 기억이 스며있기 때문이다.

그 누르미에 얽힌 추억도 가지가지다. 여고 시절 캠퍼스에는 성당과 수녀원, 양로원과 기숙사가 있었다. 비라도 슬슬 오는 궂은날 오전 4교시 수업이 끝나갈 때쯤 이따금 양로원에서 부침개를 부치는 구수한 기름 냄새가 교실까지 솔솔 올라왔다. 기름 냄새는 절대로 몰래 맡아지는 게 아니니까. 갑자기 뱃속에서 꼬르락 소리가 나고 입맛이 다셔진다. 그 뒤, 뭐 남은 수업 시간이야 듣는 학생 입장에선 그저 삼수갑산일 뿐.

수업이 끝나자마자 실내화를 신은 채로 양로원의 부엌으로 쓱 달려가면 '마리아 언니'가 솥뚜껑 위에다 부침개를 부치다가 얼른 한 장을 구워서 이빨이 빠진 하얀 사기 접시에다 담아주었다. 꿀맛이었다. 양로원 할머니들이나 마리아 언니는 오가면서 자연히 얼굴을 보고 사는 처지기에 이건 기숙사생의 특권이었다. 살아있는 동안 그때의 부침개 맛을 잊지 못할 것이다. 법 없이 착했던 마리아 언니 얼굴도 눈에 선하고.

서울 외곽의 작은 성당에 일 년쯤 머물렀을 때의 일로 떠오르는 추억 한 토막이 있다. 그때야말로 나는 부침개를 양식 삼아 기름 냄새를 풍기곤 했다. 그 작은 기와집에선 잊을만하면 한 번씩 기름 냄새가 퍼져나갔을 것이다.

"일 년간만 휴가라고 생각하고 쉬었다가 오라."고 했던, 그 일 년이 막 지나자마자 참말로 나는 전의 소임지로 청량리에 있던 K 대학 병원 의학도서관으로 다시 불려서 갔다. 어느 빗날 뜨던 오후였다. 작은 기와집에서 함께 살은 선배가 도서관으로 나를 찾아오셨다. 그녀가 안겨준 보따리에는 분홍색 꽃무늬가 그려진 플라스틱 둥근 쟁반에 김치부침개가 열두어 장씩이나 수북하게 담겨 있었다.

"이 쟁반을 보면 부침개를 부치던 네 생각에 도저히 안 되겠어서 아예 싸갖고 왔으니 이거까지 다 가져." 하고 이젠 다시는 쓸 일도 없는 내게 그 분홍색 쟁반과 부침개를 열심히 뒤집었던 검은 플라스틱 뒤집개까지 억지로 떠안기고 갔다.

'부침개'를 부칠 때마다, 또 먹을 때마다 옛날에 같은 회칙 아래서 동고동락한 동기들은 아마도 한 번쯤은 내 얼굴을 문득 떠올릴지도 모르겠다. 어쩌다 잡채를 먹을 때면 나도, 그 잡채를 유별나게 좋아했던 그때의 친구 이름이 생각나니까.

안윤자 | 『월간문학』 수필 등단(1991) 계간 『MUNPA』 시 등단(2021). 한국문인협회 복지위원, 펜클럽, 한국여성문학인협회, 한국가톨릭문인회, 은평문협, 수필문우회 회원, MUNPA 동인, 대표에세이문학회 회장 역임, 월간사보 편집장, 사사편찬위원장 역임, 전 서울의료원 의학도서실장.
수필집 : 『벨라뎃다의 노래』『사대문 밖 마을』외『연인 사중주』4인 공저, 시집 : 『무명 시인에게』역사장편소설 : 『구름재의 집』, 논문 : 『윤동주 시 연구』외『서울의료원 30년사』『경동제약 30년사』집필.
수상 : 가톨릭평화방송.평화신문 공모 대상(2020), 올해의 수필인상(2025).

한 맺힌 짜장면

김사연

짜장면은 근대 인천을 대표하는 중국 요리이다. 하지만 베이징이나 대만의 중국 음식점에 가서 짜장면을 주문하면 지청구를 당한다. 짜장면은 19세기 조선 시대 제물포에서 시작한 음식이기 때문이다. 막노동하는 인부들이 빠른 시간에 만들어炸 먹을 수 있도록 장醬을 밀가루麵에 비벼 만든 간편한 요리가 짜장면이다. 조성순 시인은 시집 『목침』 중 〈짜장면〉이라는 시에서 돌아가신 아버지를 떠올렸다. 짜장면 사달라고 졸라대는 아들에게 보리타작 끝나면 사주겠다는 약속을 지키지 못하고 훌쩍 떠나셨기에 비 오는 날 중국집에서 짜장 향기가 진동하면 아버지가 절절한 그리움으로 다가온다고 했다.

개인마다 즐기는 기호 식품이 있다. 내게도 좋아하는 음식이 있다. 동심이 떠오를 때면 입맛을 다시게 하는 짜장면이다. 맛을 음미해서가 아니다. 일종의 부러움과 한이 맺혀서이다. 초등학교 시절 담임 선생님은 우리와 함께 교실에서 점심을 드셨다. 교단 왼쪽 창가에 자리 잡은 작은 책상에서 선생님이 드시던 음식은 짜장면이었다. 학교 앞 중국 음식점 종업원이 신문지를 덮어 배달해 온 짜장면의 고소한 냄새가 풍기는 순간 우리들은 수저질을 멈춘 채 침을 삼켰다.

선생님은 일회용 젓가락을 반으로 쩍 가른 후 교향악단 지휘자처럼 허공에서 쓱쓱 문질렀다. 마치 이발사가 장엄한 행위를 앞두고 면도칼을 혁대에 문지르는 듯한 비장한 모습이다. 식사 개시를 선포하는 의식이 끝나고 면과 갈색 양념을 비비는 순간 우리는 또 한 번 입맛을 다셨다. 나도 시켜 먹고 싶었지만, 당시는 엄두도 낼 수 없는 형편이었다.

중학교 입학시험을 치르던 날 어머니는 점심을 사주시겠다고 했다. 이제야 꿈에도 그리던 짜장면을 먹게 되나보다 기대했건만, 근검절약이 몸에 밴 농사꾼 어머니는 학교 교문 앞 분식집으로 데려갔다. 난생 처음 먹어보는 찌그러진 냄비 우동이었지만 그것만으로도 감지덕지 해야 했다. 그때 실망한 탓인지 그 뒤로 우동은 별로였다. 이담에 돈을 벌면 제일 먼저 짜장면을 사 먹으리라 다짐하며 애써 동심의 아쉬움을 달랬다.

인천시약사회장에 당선된 후 약국을 폐업하고 사무실에 상근할 때였다. 매일 점심을 시켜 먹는 일이 번거롭고 입맛도 별로이던 차에 초등학교 시절 짜장면이 떠올랐다. 이 기회에 한을 풀어보자며 그리도 먹고 싶었던 짜장면을 점심밥 대신 때웠다. 한데 문제가 생겼다. 한 달이 지나자, 기운이 떨어지고 무기력해지며 의욕조차 무뎌졌다. 영양실조 증상이 나타난 것이다. 점심을 면 대신 밥과 고기로 바꾼 후 건강은 정상으로 돌아왔다. 그 옛날 초등학교 담임 선생님은 허구한 날 점심을 짜장면으로 드시며 어떻게 체력을 유지하셨을까.

　성균관대 약학대학 재학 시절에도 짜장에 얽힌 찡한 사연이 있다. 인천 만수동에서 서울 종로구 명륜동까지 통학하려면 세 번의 버스와 40분 간격으로 운행되는 경인선 디젤 기관차를 갈아타야 했다. 만수동에서 간석오거리까지 버스를 타고 나와 다시 부평행 시내버스를 탄다. 부평 기차역에서 기차를 타고 서울역에서 내리자마자 명륜동행 서울 시내버스로 재빨리 올라탄다. 명륜동에서 내리면 캠퍼스 맨 꼭대기, 북한산자락에 자리 잡은 약학대학까지 20분 이상을 뛰다시피 서둘러야 한다. 편도가 이러니 하루 왕복 4~5시간을 길에서 소비해야 한다. 애면글면 늘 비몽사몽을 헤매는 피곤한 나날이었다.
　약학대학은 수시로 시험을 치렀다. 몸과 마음의 휴식을 취하기에 안성맞춤인 주말이나 국경일 다음 날은 영락없어 필기시험이 기다리고 있었다. 대학의 낭만이란 단어는 구경조차 할 수 없는 분위기였다. 해서, 시험 전날 저녁이면 세면도구와 책가방을 챙겨 교문 앞 독서실로 향했다. 독서실에서 밤을 하얗게 새운 날 저녁 식단은 애오라지 짜장밥이었다. 어릴 적부터 마음을 사로잡아 온 짜장 향이 입맛을 당기고 면이 아닌 밥을 비벼 먹으니, 새벽까지 속이 든든했기 때문이다. 약용식물학 학명을 밤새 암기하느라 중얼거린 탓으로 새벽에 잠깐 눈을 붙일 때도 시조를 읊듯 잠꼬대했다.

이렇게 사연 많은 짜장면을 요즘은 간식으로 한 달에 한두 번 정도 즐기고 있다. 짜장면에 남다른 애착을 보이는 사연이 궁금했던지 모 신문사 문화부장이 내게 넌지시 질문을 던졌다. 초등학교 시절 담임 선생님이 드시던 짜장면을 그렇게도 먹고 싶어 한이 맺혔다고 서슴없이 대답했더니 그녀는 이해할 수 없다는 표정이다. 그러던 그녀가 어느 날, 가족과 짜장면을 외식하며 나를 생각했다는 아리송한 말을 던졌다. 자신은 아무리 음미하려 해도 별미를 못 느끼는 짜장면에 한까지 품었다는 내게 대한 안쓰러움이었을까, 아니면 애틋한 동정심이었을까.

내겐 한이 맺힌 짜장면이지만, 약속을 지키지 못하고 돌아가신 아버지를 비 내리는 날 짜장 향기 속에서 그리워하는 그 시인의 절절함에야 어찌 비하겠는가.

김시연 | 월간문학 신인상 수필부문(1991) 등단. 제31회 인천시문화상 수상(문학 부문, 2014). 저서 : 수필집 『그거 주세요』『세 알의 씨앗』외 다수. 인천시약사회장, 인천시궁도협회장, 한국문인협회 인천지회장 역임.

채식주의자의 변절

정인자

'한강'의 작품 중 채식주의자란 소설이 있다. '영혜'라는 여인이 채식을 시작하면서 전개되는 줄거리다.

연전에 나의 작품집에서도 밝혔지만, 나도 결혼 전까진 채식주의자였다. 그나마 익힌 달걀 요리, 고추장에 버무린 마른오징어, 멸치볶음은 먹었으니 완전 채식이라곤 할 수 없을까.

초등학교 4학년 초봄 바다에서 건져 올린 시신을 본 게 채식의 발단이었다. 백골화된 시신은 형체를 알아볼 수 없을 정도로 부패해 있었다. 구멍만 숭숭 뚫린 얼굴, 길게 뻗은 손톱 발톱 도드라진 이빨은 어찌나 흉측한지 꿈에라도 나올까 싶었다. 지독한 악취로 사람들 모두 코를 틀어막고 있었다. 처음 맞닥뜨린 인간의 마지막 모습은 너무 처참했다.

"세상에나! 저 시체에 해삼, 갈치 떼가 잔뜩 붙어 있었대!"

사람들의 수군거림이 뇌성벽력처럼 귓전을 때렸다. 눈앞의 광경도 참혹한데 그 말은 더한 충격으로 가슴에 비수로 꽂혔다. 항구에서 살았으니 밥상에 만만하게 오르는 게 해물이다. 조개 국물은 시원한 감칠맛이 일품이고, 꽃게 찌개나 생선구이는 손가락까지 핥아가며 게걸스럽게 먹질 않았던가.

"생선을 먹는다는 건 곧 인육을 먹는 거다."

볼때기에 솜털도 가시지 않은 철부지가 이 기상천외한 공식을 마음속 깊이 새긴 것이다. 한번은 무심코 부엌에 들어갔다가 혼비백산 뛰쳐나온 적도 있었다. 솥에서 발광하는 문어 대가리들이 예전 그 백골 유령이 다시 살아난 듯해서다. 편식은 갈수록 도를 넘어 육고기까지 거부했으니 이런 불효가 또 어디 있겠는가.

결혼은 백팔십도 달라진 나의 위치를 실감케 했다. 밥상을 받는 위치에서 밥상을 올려야 하는 주부로서의 위치다. 더구나 연로하신 시어머님도 계신 터다. 만지기도 역겹지만, 가끔은 친정어머니 교훈이 떠올라 갈치나 간고등어를 노릇하게 구워 올렸다. 남편은 생선에 손도 대지 않는 새색시가 체면 차리느라 그런 줄 아는지 슬쩍슬쩍 권한다. 시어머님은 비린내 나는 생선은 좋아하지 않는다고 하셨다. 매 끼니를 국도 제쳐놓고 나물 반찬으로만 비벼 드시는 것도 조금은 기이했다. 그러던 어느 날 시어머님이 화가 단단히 나신 눈치였다. 아들 몸보신을 해주겠다며 부엌에 드셨다. 손수 만든 음식이 돼지고기를 달달 볶은 고추장 호박 찌개였다. 소고기 양태를 푹 삶아낸 국물은 남편이 오만상 찌푸려가며 한 대접씩 마셨다. 이상한 건, 시어머님은 그 음식에도 숟가락 한번 담그지 않았다. 훨씬 후에 알게 된 사실이지만, 시어머님이 나와 한배를 탄 식물성 동지일 줄이야. 악수하고 포옹이라도 해야 할 기막힌 인연 아닌가.

  첫 아이를 잉태하면서 남편이 모처럼 외식을 하자며 간 곳이 하필 고깃집이었다. 입덧을 겪은 후, 친정어머니가 차려준 밥상이 눈물겹도록 그립고 왠지 모를 허기증으로 서러워할 때였다. 드디어 불고기 한 접시가 눈앞에 놓였다. 지금이라도 남편에게 이실직고해야 할까? 그러나 머뭇거림은 잠시, 사생결단하듯 그 음식을 먹기 시작했다. 포만감에 정신 차리고 보니 어느새 두 접시를 비우고 있었다. 생각 외로 맛있어서 놀라고, 나 자신에 놀랐다. 이십 년 넘도록 철통같았던 성벽이 이리도 허망한 것이었나. 그것도 순식간에 허물어지니 과거의 행위를 무슨 낯으로 변명해야 하는 걸까. 부끄러움이 몰려왔다. 굳이 핑계를 대자면, 비로소 내 안에 움트기 시작한 모성 본능이 용쓴 게 아니었을까. 시어머님도 아들을 위해서라면, 누린내를 참아가며 고기반찬을 만들고 육수를 내질 않던가. 식물성에서 잡식성으로 보폭을 넓혀 준 그날 그 음식을 어찌 잊으랴. 개구리가 올챙이 적 생각 못 한다고, 음식 가리는 시어머님을 내심 불편해하며 살았으니 이 얼마나 불손하고 고약한 심보인가.

  세상의 하고많은 동식물 중 어떻게 식용인지 아닌지를 다 가려낼 수 있었는지, 인간의 집념과 노고에 새삼 감탄한다. 덕분에 온갖 재료를 이용한 요리로 입이 호사를 누리는 시대에 살고 있다고 해도 과언이 아니리라. 한때 병에 걸려 잘 먹지도 못하고 죽을 고비를 넘긴 적이 있었다. 식욕이라는 원초적 본능 또한 신이 주신 큰 축복임을 깨달았다. '한강'의 채식주의자가 비극으로 끝난 건 개인의 취향이 존중받지 못하고 폭력으로 이어진 탓일까. 아니면 '영혜'라는 여인이 애초 정신적 결함이 있었는지…. 한평생 채식 위주로 사셨던 시어머님은 주위의 건강 염려와 달리 93세까지 천수를 누리셨다. 그러고 보면 식습관에도 정도가 없는 것 아닐까.

  늘그막에야, 마누라가 결혼 전에 채식주의자였다고 고백하자 남편의 눈이 휘둥그레진다.

정인자 | 『월간문학』 수필 등단(1991년). 수상 : 대한문학상. 저서 : 수필집 『해 돋는 아침이 좋다』 『그 하루』, 공저 『우리들의 사랑법』. 한국문인협회, 대표에세이 문학회, 남도수필회 회원.

어떤 마법

박영덕

춘분을 넘어서니 북으로 난 집 앞 골목에도 제법 온온한 기운이 머문다. 겨우내 묵혔던 먼지나 쓸어낼까 하여 대문을 여는데 사내아이 둘이 볕 바라기를 하고 있다. 요즈음 골목에서 노는 아이들을 만나기란 쉬운 일이 아니어서 하는 양을 보고 있으려니 여간 귀엽지 않다. 녀석들은 색깔이 다른 아이스크림 하나씩을 들고 있는데 오른쪽 아이가 한 입씩만 바꿔 먹자며 왼쪽 아이의 것에 입을 갖다 댔다. 그러자 왼쪽 아이가 기겁을 하며 "너 피가 무슨 형이야?" 한다. "O형인데… ." "뭐야! 그럼 안돼. 난 A형이니까 내 침을 먹으면 병에 걸린단 말이야."

나는 방해꾼이 되고 있단 생각을 깜빡 잊고 폭소를 터트리고 말았다. 머쓱해진 녀석들이 쏜살같이 달려가 버리는 바람에 미안스러웠지만, 아이들이 빠져나간 골목을 바라보며 좀처럼 웃음을 멈출 수가 없었다. 어디서 들은 얘기일까. 따지고 보면 침 섞인 밥을 먹지 않은 사람이 없을 텐데 말이다.

　우리는 누구나 '엄마 밥'에 대한 그리움을 안고 산다. 그런데 그 엄마 밥이란 게 기실 별난 것이 아니다. 손에 익은 칼 한 자루와 한쪽이 닳은 놋수저나 국자 하나, 그리고 엄마의 침 몇 방울로 완성이 되는 지극히 소박한 것이다.

　음식이 익어 가면 어머니는 당신이 한 입 간을 본 다음 그 숟가락을 다시 음식에 넣고 휘휘 젓는다. 이때 어머니의 혀뿌리는 어떤 것과도 견줄 수 없는 '맛'의 잣대가 되며, 거기서 나오는 어머니의 침은 '잘 먹고 건강해야 할 텐데.'하는 염원이 되어 음식 속으로 녹아든다.

　또 밥을 담을 때는 어떤가. 그릇 안보다도 위로 올라가는 양을 더 많이 퍼 올려서 침을 바른 손으로 꾹꾹 눌러 담으며 '많이 먹고 기운 내라.' 하질 않던가. 소화 효소와 정성이 담긴 '엄마'의 이 진액은 그 어떤 양념이나 조리 테크닉으로도 재생할 수 없는 사랑의 조미료이기에 우리 뇌리에 그처럼 유일한 맛으로 기억되는 것이리.

　그런가 하면 침은 열정을 태우는 기름이 되기도 한다. 사랑하는 사람 사이에 오가는 침은 가히 마술적이다. '내 자식들 모두 건강해라.' 하던 어머니의 침과는 사뭇 다르다. 사랑하는 연인이나 부부간에 나누는 침은 '너는 내 꺼야!' 하는 뜨겁지만, 대단히 이기적인 것이다. 해서 '침 발랐다.'라는 말은 점잖은 축에 끼질 못한다. 뜨거운 만큼 식을 확률도 높아서 엄마의 침에 비해 그 지속성도 떨어진다. 그리고 잊지 말아야 할 것은 이 침을 나누는 사이가 되면 이미 서로의 마술에 걸려

든 것이니 나눠 먹는 음식이 한낱 아이스크림이든, 김치찌개이든, 한 잔의 달콤한 와인이든 간에 함께 나눠 먹는 모든 맛을 믿지는 말아야 한다. 사랑에 빠진 채 맛을 본 음식들은 그 눈빛과 함께 떠오르고 숨소리와 나란히 간직된다 하질 않던가.

 봄비 내리는 밤, 선술집에 앉아 생태탕 한 그릇에 숟가락 두 개 넣어 두고 소주잔을 기울이는 두 남자를 본 적 있다. 서로 원망하는 눈빛에 오가는 대화조차 수상했고, 간혹 흐르는 침묵이 한없이 무거웠지만 나는 생태탕 그릇에 담긴 두 개의 숟가락에서 결코 끊어내지 못할 그들의 우정을 보았다. 그것은 그들과의 인연에서 얻어진 정보와는 무관한 것이었다. 원수와 한 그릇에서 침을 섞어가며 안주를 나눠 먹는 사람을 본 적이 없었으니까 말이다.

 한솥밥 먹은 사이란 말은 어쩌면 침을 나눈 사이란 말이 아닌가 싶다. 가운데 놓인 한 그릇 속의 음식에 침 묻은 숟가락을 부딪치며 먹는 맛은 가족 간이라면 따뜻하고, 동료끼리는 화기애애하며, 연인끼리는 에로틱하지만 그 모두가 한배를 탄 동지라는 유대감으로 뭉쳐 있다.

 아침에 먹은 '엄마 밥'이 저녁이면 그리워지는 각박한 세태다. 이런 세상에도 어김없이 봄이 왔으니 이제 머지않아 벚꽃이 흐드러지고 살구꽃은 또 피고 질 것이다. 그런 날 하루쯤은 봄나물이라도 한 양푼 무쳐 들고 양지바른 산자락에 둘러앉아 숟가락 함께 넣고 '엄마 밥'이 그리운 사람들과 한솥밥 정 나누면 어떨까.

 골목에 일렁이는 바람이 한결 감미롭다. 앞산 옥녀봉에서 밀려오는 푸른 향기에 온몸을 물들이기에 좋은 날이다. 능선 타고 온다던 진달래는 오늘은 어느 구릉에 와 있는 것일까.

박영덕 | 1992년 『월간문학』 수필 등단. 한국문인협회 이사. 국제펜 광주광역시위원회 부이사장. 광주문인협회 수석부회장. 수상 : 현대그룹문학상, 광주광역시 문화예술대상, 박용철문학상수상, 광주예총문화예술대상, 국제 펜 문학상 수상, 광주문학상, 대한문학상. 저서 : 『말씀의 우물』 『달개비꽃에는 상아가 있다』 외.

잡채 속 당근

香里 윤영남

자주 들리는 작은 숲이 있다. 입구에 들어서면 잔솔밭이다. 여기저기에서 키가 나지막한 식물들이 잎을 나풀거리며 나를 반겨준다. 누구라도 먼저란 순서가 없다. 그저 어우러진 채 각자의 자리에서. 하지만 다소곳이 등 굽은 작은 소나무는 유독 내 눈에 먼저 띈다. 사철 푸른 잎으로 솔방울을 조롱조롱 달고 엄마의 역할을 다하려는 일편단심 여인의 모습처럼.

문득 친구가 많다는 사람이 어디까지 진심일까. 갑자기 의문스럽다. 그럼 어떤 친구가 많다는 것인가. 때마다 자신과 소통되는 것, 자기의 필요를 채워주는 것, 두 팔로 자신을 받쳐주는 것처럼, 자기를 중심으로 그러한 친구의 범주를 말하지는 않으리라. 일단 가깝게 느껴지는 마음의 거리와, 함께 있으므로 편안하다. 작은 기쁨과 보람도 공감하며 어떤 상황에도 시기적절하게 소통된다면 더 이상 무엇을 바라겠는가.

살다 보면, 저마다 다양한 삶의 형태와 추구하고자 하는 길이 거의 같을 수 없을 것이다. 아무리 친구라도 어울릴 수 있는 시기와 통할 수 있는 장소에 따라 다른 생각이나 표정, 언어의 표현이나 외형적 모습도 낯설게 볼 수 있다. 어떤 상황에서도 서로 말하거나, 말없이 느낌만으로 소통된다면, 제대로 행복한 친구 사이가 된다. 가끔, 누가 더 눈에 띄게 돋보이거나, 혹시 눈 가리고 아웅을 하더라도.

내가 어릴 때, 산골 동네에서 잔치가 벌어지면 올망졸망한 아이들이 먼저 모여들었다. 친구네 엄마가 잔칫집에서 과방을 보면, 그 친구를 따라가서 더 맛있는 과자나 떡을 얻어먹기도 했다. 먹을 것도 흔하지 않은 때니, 잔칫날을 기다리는 것이 아이들뿐만 아니다. 먹음직한 떡이나 부침, 갖가지 음식 중에서 잡채는 빠지지 않으니까. 애들이나 어른들도 한결같이 잡채를 좋아하는 듯했다. 그 잡채는 한 입만으로는 쭉 말아서 삼켜도 성에 차지 않았다. 그러니, 접시를 하나씩 준비해야 조금씩 나눠줬으니까.

그땐 맛있는 잡채가 얼마나 매끄럽게 목구멍으로 빨리 넘어갔는지. 씹을 틈도 없었다. 물론 당근이나 시금치처럼 그냥 넘길 수 없는 채소를 꼭꼭 씹어서 천천히 먹어야 한다는 당부도 받았다. 그중에서도 붉은 당근이 별로 맛을 모르니 먹기가 싫다. 해서 눈치껏 가려내다가 엄마한테 혼나기도 했지만.

결혼 후, 처음 내가 잡채를 만들었다. 당면을 더운물에 살짝 익혀 건져내고 시금치도 삶아 무쳤다. 살코기도 손가락처럼 길고 잘게 썰어 익혔고, 색깔이 고운 채소를 모아서 고루 섞었다. 아무리 이것저것을 넣어도 엉킴이나 조화로움이 아니다. 양질의 기름이나 조미가 중요하지만, 붉은 당근이 필수 항목인 줄을 알면서 소홀히 여겼음이 아닐까.

당근이 특별한 맛이 있어서가 아니다. 다른 색조를 이루는 파프리카도 있지만, 잡채에는 당근이 들어가야 어우러진 맛이 우러나는 것 같다. 이 또한 산촌에서 자란 나의 선입견일지도. 엉컴의 맛도 몰랐다. 그렇다. 당면이나 시금치, 고기의 색깔에 당근은 두드러지게 보인다. 그렇다고 당근이 그다지 귀하거나 비싼 것도 아닌데, 많은 사람 속에서도 개성이 강한 모습처럼.

  오히려, 자기의 색깔을 분명히 하는 친구가 좋다. 그럴 때, 비로소 그 친구를 받아들일 마음의 준비와 어우러질 수 있는 상황도 기대하기에. 정말로 금방 들킬 비밀도 눈 감고 아옹하는 짓을 보면, 고개를 저절로 흔들고 싶다. 나이를 더함에 따라 감추고 숨기려 해도, 안 보이는 것까지 대략적인 눈치로 알 수 있다. 결코 세월이 헛되게 흐르지 않는다. 최고로 수다쟁이처럼 시간은 흐르면서 친절하게 다 말해 주듯.

  저마다 지고 가는 자기만의 짐을 본다. 힘들다고 아우성도 없이 묵묵한 모습이다. 나의 고통과 고독을 아무리 가까운 친구한테도 전가하거나 동조를 받으려 할 때가 아니다. 그냥 작은 숲처럼 관심과 애정으로 어우러진 눈빛이 되고 싶다. 잘 어우러진 친구는 김정호의 세한도에서 겨울을 넘기지 않고도, 그 의미를 서로 공감하듯이. 한 계절을 보내고 나면, 또 다른 계절을 맞듯이 시절을 따라서 변하는 입맛도 다르다. 그럴 때마다 귀한 잡채를 맛있게 먹었을 때, 가려냈던 당근조차도 이제는 그 맛과 색깔대로 인정하며, 양과 질을 모두 생각하곤 즐겨 먹는다.

아무리 바쁘더라도, 조건 없이 자주 찾아주는 발걸음이 귀하지 않을까. 때때로 만날 친구도 좋지만, 몸에도 좋고 정감이 가는 음식을 직접 만들어 먹는 습관도 좋겠다. 입맛으로 더듬으며 느끼는 옛 음식, 가슴으로 느낄 수 있는 공감의 눈빛이다. 틈나는 대로 자주 찾아가는 어우러진 숲 같은 만남, 때때로 발걸음마다 함께할 추억 속의 친구처럼.

윤영남 | 『월간문학』 수필 등단(1992년). 『좋은 문학』 시 신인상. 수상 : 선사문학상 본상. 우수교수상(평생교육부문). 저서 : 수필 『또 하나의 시작을 위하여』 『관계』 『머물고 싶은 순간』 외. 숭실대학교 교육학(평생교육전공) 박사, 교수, 시인, 수필가. (사)한국문인협회 문단정화위원장, (사)국제PEN한국본부 이사. (사)한국여성문학인회 이사. 서울 역대문협 지부장협회 이사. 강동문협회장·사임당문학회장·대표에세이 문학회 회장 역임.

사랑의 레시피가 피어난 곳

박미경

입맛이 없을 때면 괜히 서글픈 맘
맴도는 맛이 있어 괜히 그리운 맘
엄마가 해주던 집밥이 그리워
사실 집밥을 해주던 엄마가 그리워
　　　　　- 정예원 「집밥」 가사 중

　이 나이가 되어도 몸이 아프면 엄마가 생각난다.
　마음이 아플 땐 더 그렇다. 속상하고 서러운 날엔 엄마를 부르며 울고 싶다. 엄마가 만든 소고기뭇국에 맵싸한 겉절이를 얹어 먹고 나면 다시 기운을 차릴 것만 같다.
　아직도 꿈을 꾼다. 예닐곱 살의 내가 부엌에 묻혀있는 커다란 항아리의 물을 푸거나 엄마가 김장김치를 꺼내기 위해 머리가 바닥에 닿을 정도로 몸을 숙이거나 하는 꿈이다. 엄마가 김치 항아리 속으로 들어갈까 봐 조바심을 내다가 꿈에서 깨면 어릴 적 부엌의 추억만으로 마음이 푸근해진다.

부엌의 부뚜막 옆에는 늘 엄마의 정화수가 놓여있었다. 아침마다 깨끗한 물 한 사발을 올려놓고 가족들의 건강과 무탈을 기원하던 어머니. 구순을 바라보는 병약한 노인이 되어서도 자식들의 안부만이 인생의 전부였다. 아궁이 옆에 앉아 놀고 있으면 엄마는 맨손으로 무친 나물이나 국수를 돌돌 말아 내 입속에 쏘옥 넣어주셨다. 그때를 떠올리기만 해도 행복해진다.

예전에는 이사 할 때 가장 먼저 할 일이 부엌에 솥을 거는 일이었다. 길일을 택해 솥을 걸고 그날 밤 이사 간 집에서 자면 살림살이를 옮겨오지 않았어도 이사를 한 것이라고 생각했다. 부엌을 통해 일어나는 일련의 대소사는 삶의 가장 큰 화두였다. 어른들은 솥에서 밥을 풀 때 그 방향이 대문 쪽으로 향하면 밥을 '내 푸는 것'이고, 집 안쪽을 향하면 '들이 푼다'고 했다. 그래서 내 푸면 복이 나간다고 하여 방향을 바꿀 정도로 부엌의 일상에서 가정의 길흉화복을 연결 짓기도 했다.

새벽부터 아침 준비를 하는 엄마를 졸졸 따라 들어간 부엌의 따뜻한 부뚜막 위에 앉아, 엄마의 칼질 소리와 밥 뜸 들이는 냄새로 하루를 열었다. 일상의 평온함을 말해주는 시그널이었다. 부뚜막 위로 작은 쪽문이 하나 있었다. 문을 열면 바로 안방 아랫목으로 연결되어 뜨거운 밥은 아랫목으로 직행하고 수시로 국과 반찬을 나를 수 있는 최단 거리 통로는 비밀 접선이라도 되는 양 어린 마음에도 신이 났었다.

부엌은 때로 예기치 않은 돌발 상황을 만들기도 했다. 연탄가스를 마시고 동치미 국물로 살아났던 기억, 국자에 달고나를 해 먹다가 까맣게 그을려 혼쭐이 나기도 했고, 언니는 뜨거운 물에 화상을 입어 종아리에 데인 자국을 평생 갖게 되었다. 그것은 조왕신의 영역이었으니.

부엌은 엄마의 마음이 깃든 성소였다.

첫아이를 가졌을 때 가장 먹고 싶은 음식은 멸치를 진하게 우린 국물에 감자와 호박을 넣고 쫄깃한 밀가루 반죽을 손으로 떼어 만든 엄마의 수제비였다. 무와 꽁치를 가득 넣고 자박자박 끓여낸 생선조림과 연한 열무에 된장으로 맛을 낸 엄마표 열무 무침이 먹고 싶었다. 엄마의 가슴에는 사랑이라는 레시피가 가득하고 엄마의 손에는 가장 정밀한 정성이라는 비밀이 숨겨져 있었다. 부엌에서 맛있는 냄새가 나기 시작하면 세상의 모든 걱정이 사라졌다. 나에게 안정과 활력을 주던 부엌의 따스한 기적이 바로 거기에 있었다.

결혼한 딸의 집에서 생선을 굽자 하니 손사래를 친다. 아파트에 냄새가 밴다는 것이다. 삼겹살 역시 같은 이유다. 대부분 나가서 먹거나 주문 음식으로 식사를 하는 자식들을 보니 마음이 착잡하다. 음식을 만들며 아이들에게 맛을 보여주고 "엄마가 최고"라는 찬사를 들을 때 가슴 뻐개지던 행복감은 이제 구시대의 유물이 되어버렸다. 엄마들은 다이어트 때문에, 아이들은 야간 자율학습으로, 아빠들은 회식으로 가족이 함께 밥을 먹는 일은 점점 없어진다. '인간은 그가 먹는 것 자체다.'라고 한 독일 철학자 포이어바흐의 말이 새삼스럽다. 빨리 해치우는 식사는 사람의 성격마저도 급하게, 가볍게 만들지도 모른다.

부엌은 과연 진화한 것일까. 대리석으로 반짝이는 식탁과 조리대, 각종 요리 기구는 아름답기 그지없다. AI 냉장고는 열지 않아도 재료를 말해주고 요리 방법까지 안내한다. 최첨단 시스템으로 갖춰진 세련된 주방에서 왜 외로움이 묻어나는 걸까. TV는 종일 맛집 소개와 맛의 달인, 맛있는 녀석들, 줄 서는 식당, 맛있는 거 옆에 맛있는 거, 현기증이 날 정도로 먹는 문화 일색이다. 그런데도 주중에는 외식으로, 주말에는 배달 음식으로 위장을 채우는 사람들은 고독해 보인다.

  한 가정의 온기는 부엌의 온기와 비례한다. 케네디가의 형제들은 밥상머리에서 남다른 교육을 받은 것으로 유명하다. 식사 중의 토론이나 리더십 교육보다 감동적인 것은 어머니 로즈가 항상 저녁 식사를 두 번씩 차렸다는 것이다. 한 번은 어린아이들을 위해서, 또 한 번은 좀 더 자란 아이들을 위해서였다. 따뜻하고 편안한 식탁을 위해 엄마는 얼마나 많은 부엌에서의 시간을 가졌을까. 음식을 만들며 어머니는 아이들의 나이에 맞는, 수준에 맞는 화제를 생각했다. 그 어머니의 시간, 부엌의 온기가 형제들을 성장시킨 것이다.

  이제 부엌은 사라졌다. 그러나 부엌은 인간의 본향이다.

  황량한 아프리카 오지, 해질녘 누추한 초막에서 저녁연기가 피어오르는 광경은 가슴을 따뜻하게 한다. 몽골 초원의 쓸쓸한 게르에서 돌 몇 개로 만든 화덕에 둘러앉은 가족이 행복해 보인다. 작은 냄비와 토기 몇 개가 전부일 부엌이 있고, 엄마는 그날의 노고를 잠재울 소박한 음식을 준비하고 있을 것이기 때문이다.

  진정 살아 있는 공간으로 삶의 '냄새'와 '생기'를 불어넣어 주던 엄마의 부엌이 사무치게 그리운 요즘이다.

박미경 | 1993 『월간문학』 등단. 내일신문 『미즈내일』 편집위원, 한국 신문윤리위원회 위원, 한국여성 문학인회 사무총장 역임. 한국문인협회 이사. 작품집 『내 마음에 라라가 있다』 『박미경이 만난 우리시대 작가 17인』 『50헌장』 『독학자의 서재』 외 다수. 동포 문학상, 월간문학 동리상 수상.

옥수수, 그 알알한 사랑 김정화

　운동 간다고 나서는 오늘도 또 옥수수 한 자루 사 들고 들어왔다. 냉장고에 집어넣을 곳이 없는데도 새벽 시장에서 만나지는 옥수수 그 유혹을 뿌리치지 못한다. 눈에 보이면 생각할 겨를도 없이 덥석 안고 보는 그 심사. 그저 바라만 봐도 사랑스럽고 좋은 그 알알한 사랑을 어쩌겠는가.

　칠월이면 나는 옥수수 덕에 여유를 누린다. 농사를 짓지 않으면서도 이곳저곳 둘러보며 나누는 재미를 솔솔이 맛본다. 나눈다는 기쁨, 평소에는 늘 얄팍한 주머니를 들여다보며 그 마음을 누르며 사는데, 옥수수 철만은 주머니를 여는데, 인색하지 않다. 올해도 내가 사들여 온 옥수수의 삼분의 일 정도는 누군가에게 나누어 주었다.

　옥수수를 보면 어김없이 경기도 가평, 그 가파른 언덕 위의 오두막집이 떠오른다. 내 외할머니와 어린 외사촌 삼 형제가 살던 집이다. 외삼촌이 아이 셋을 낳고서야 찾은 고향이 그곳이었다. 그러나 삼촌은 친척이 배려해 준 심심산골 외딴 오두막에 가족을 남겨 둔 채 또 길을 떠났다. 외숙모 역시 가계를 책임져야 했기에 장삿길에 나서야 했다.

그래서 그 산골 오두막엔 허리 굽은 할머니와 어린 삼 형제만 남겨졌다.

어린 시절을 늘 할머니와 함께했던 나는 유별나게 할머니를 그리워했었다. 그런데도 쉬이 할머니를 찾아 나서지 못했다. 전라도와 경기도의 거리가 그렇게도 까마득했었는지 지금 생각하면 이해가 가지 않는다. 신혼살림을 서울에 차리고서야 할머니를 찾아 나설 수 있었다. 경기도 가평 거기에서도 북면 목동, 차를 몇 번 갈아타고도 자갈길을 십 리쯤 걸어 들어간 산골에 할머니는 살고 있었다. 모처럼 신은 구두 때문에 발뒤꿈치가 홀랑 벗겨져 피가 흘렀지만, 할머니를 볼 수 있다는 일념에 다리를 절며 찾아갔다.

어린 사촌들은 아무도 찾지 않은 그곳을 찾아온 누나가 반가워 비탈진 언덕을 뛰어다니며 옥수수를 따서 날랐다. 신기한 것은 거기에서 머무는 일주일 동안을 옥수수와 감자만 먹고도 질리지 않았다는 것이다. 물론 할머니는 오랜만에 찾아온 손녀를 위해 쌀독에 남아 있는 비상식량을 털어 밥을 지어 주셨지만, 나는 그것엔 숟가락도 대지 않았다. 아마도 그 귀한 밥을 할머니와 사촌들에게 먹이고 싶었을 것이다.

할머니와 어린 사촌들을 남겨 두고 떠나는 발걸음이 무거웠지만 어쩔 수 없이 떠나야 하는 나를 위하여 제 키보다 배는 넘는 옥수수 사이사이를 다람쥐처럼 헤집고 다니며 옥수수를 따던 어린 코흘리개 외사촌 동생들의 활짝 웃던 그 모습이 선하다. 오직 옥수수와 감자에 의

존해 살던 그들에겐 옥수수 한 개도 중한 식량이었음에도, 한 개라도 더 주고 싶어 했던, 어린 동생들의 그 순수한 사랑을 잊을 수 없다. 그들을 두고 떠나면서 내가 할 수 있는 일은 용돈 몇 푼 돗자리 밑에 넣어두었던 것이 전부였다. 이제 서로 가정을 꾸려 바쁜 일상에 전화마저도 자주 하지 못하고 사는 현실이지만, 나는 지금도 여전히 그들을 만날 때마다 그 시절을 떠올리며 목울대가 뜨겁다.

아침을 마치자마자 옥수수를 손질하기 시작한다. 소금 간을 하고 단 것도 조금 넣고 물은 넉넉하게 붓는다. 압력솥을 올린 후 딸랑이가 울린 지 15분이 지나면 불을 끄고 기다린다. 뜸을 들이는 동안 나는 아무것도 하지 않고 드러누워, 눈을 지그시 감은 채 집 안 가득 퍼지는 옥수수 냄새에 나의 모든 감각을 열어둔다. 마치 행복의 바이러스를 맞이하기 위해 어떤 의식을 치르는 자세다. 뜸 들기를 기다리는 그 시간도 먹는 것 못지않게 행복하다.

그렇게 냄새에 탐닉해 있노라면 어김없이 옥수수를 한아름 안고 비탈길을 구르듯 내려오던 그 꼬맹이 동생의 땀범벅 얼굴이 떠오른다. 그리고 한시도 내 곁을 떠나지 않으며 불을 지피는 내 옆에서 능숙하게 옥수수와 감자를 알맞게 익혀, 내 앞에 내밀던 그 환한 미소도 떠오른다. 그러노라면 어느새 내 마음도 따뜻해 온다.

드디어 뚜껑을 열고 한소끔 뜨거운 김이 나가면, 바로 꼬마 소쿠리에 대여섯 개는 옮겨 담아 내 지정 좌석으로 향한다. 아직은 김이 가시지 않은 그 녀석을 한입 베어 물면, 온몸으로 퍼져오는 따뜻하고 달착

지근한 행복감.

딸랑딸랑 마법 딸랑이를 흔들어 내 시간을 되돌릴 수 있다면 내 영혼이 따뜻했던 그 시간으로 다시 돌아가고 싶다. 입으로는 아니, 온 마음을 다해 혼자서도 잘 살아야 한다고 다짐하며 살지만, 그래도 수시로 비집고 들어서는 외로움을 어찌지 못할 때면, 옥수수 그 알알한 사랑이 그립다.

삼백육십오일, 대부분을 나는 옥수수와 함께한다. 옥수수는 쌀과 함께 나의 주식원이기 때문이다. 솥에서 마악 푼 밥 한 숟갈 입에 넣으면 토옥 터지면서 입안 가득 펴지는 그 맛, 그 맛은 내 영혼의 양식이며 사랑이다.

날마다 행복이다.

김정화 | 『월간문학』 수필 등단(1993년). 수상 : 광주문학상, 신곡문학상. 저서 : 수필집 『왜 우리에게 도돌이표는 없는가?』 『우리는 무엇에 길들여 사는가』, 공저 『우리들의 사랑법(1992~2020) 28집』. 남도수필회원, 광주문학회원, 월간문학회원.

기억의 향기

김금주

해질녘,
들길을 걷고 있다.

붉게 물든 하늘 아래
불쑥 자란 풀꽃들이 낭창거리고,
들판의 벼들도
파릇한 바람에 출렁이며 생기를 뿜는다.

저항 없이
순한 바람에 몸을 맡긴 벼들이
벌써 향기를 뿜어낸다.
아직 이삭이 나오지도 않았는데,

달큰한 쌀 냄새가
들판 가득 번지고 있다니!

푸른 물결을 넘실거리며
모개를 품고 속살을 익혀가는 벼들.
벼는 모판에 있을 때부터
이미 그 향기를
품고 있었던 걸까.

하지만 밥 냄새라면
이삭이 패고
쌀알이 맺혀
서서히 여물어가며
비로소 나는 것일 텐데.
지금 이 향기는
도대체 무엇일까.

나는 사방을 두리번거린다.

이건 아마도
실제 쌀 냄새라기보다는

내 감각과 기억,
그리고 자연의 공기가 빚어낸
어떤 감응일 것이다.

벼는 모판 위에서부터
생명의 고유한 풋내를 지녔고,
그 풋내는 햇살과 바람, 물과 흙,
그리고 오래된 기억들과 어우러져
익숙한 쌀 냄새로 다가온 것일지도 모른다.

그 생명의 냄새는
이미 땅과 들판을 감도는 바람 속에 퍼져
아득한 기억의 향기를 불러온다.

아직 쌀이 아니지만,
이미 삶을 품고 있는 존재들.

그래서일까
아직 아무것도 익지 않은 들판 앞에서도
우리는 문득,
먹먹한 따뜻함에

멈춰 서게 되는 것인지도 모른다.

향기는 먼저 오고,
생명은
우리가 아직 도달하지 못한
어떤 시간에서
조용히 기다리고 있다.

김금주 | 전북 군산 출생. 『월간문학』 수필 등단(1995). 한국문인협회 회원. 성남문인협회 사무국장, 출판이사 역임. 『성남문학』 편집장 역임. 평창문화원 자문위원. 현대문학문예 동인. 수상 : 대표에세이 문학상. 저서 : 수필집 『사랑을 점검한다』 외 다수 공저.

그 많던 분식집은 어디로 갔을까

류경희

상당공원 앞을 지날 때마다 옛 청주여고 자리를 곁눈질하게 된다. 넓고 반듯한 운동장엔 한국은행이 들어섰고 강당과 교사가 있던 자리는 교원공제회와 보험회사 대리점, 직업 소개소의 상호가 뒤섞인 표정 없는 건물로 어지럽다.

5월이면 등나무 꽃그늘에 앉아 야외수업을 듣던 아담한 정원은 돌보는 손길이 없어 잡초가 뒤엉킨 폐허가 돼버렸다. 수련이 앙증맞던 연못도 주차 시설에 밀려 자취가 없다.

발랄하고 청초한 청주여고생들이 노래를 하고 그림을 그리며 꿈을 키우던 아름다운 교정이 이토록 황폐해지다니, 세파에 시달려 상할 대로 상한 첫사랑을 대한 듯 아리고 아픈 마음이다.

잠시 눈을 감아본다. 그때 청주여고 정문 앞은 분식집이 즐비했었다. 혀가 얼얼한 쫄면과 야채, 오징어튀김이 인기 메뉴였는데, 주문을 하면 튀김 옷 부스러기를 얹은 어묵 국물이 따라 나왔다. 학교 담 옆의 호떡집도 인기 명소였다.

학교가 파하면 우리는 무조건 분식집엘 들렀다. 여학생들을 구경하러 온 옆 동네 남학생들까지 합해져 분식집들은 하나같이 북새통이었다. 그때 먹었던 튀김 맛을 어디서 다시 맛볼 수 있으랴. 동창 모임이 있는 날이면 이순의 친구들은 아직도 그 시절 분식집 아주머니의 손맛을 그리워하곤 한다. 잘 차려진 한정식집의 식탁 앞에 앉아 지금 기준으로 보면 형편없는 불량 식품 타령을 하고 있는 것이다.

세상에서 가장 맛있는 음식을 모아 놓은 최고의 상차림은 200여 가지의 요리가 오른다는 중국의 만한전석滿漢全席이다. 화려한 이 연회 상은 18세기 초, 청나라의 강희제康熙帝의 회갑을 축하하기 위한 잔칫상에서 시작됐다고 한다.

회갑을 맞은 천자가 전국의 노인 2,800명을 궁궐로 초대하여 이틀간 천수연을 베풀었는데 만족과 한족의 산해진미를 모두 갖춘 연회라 하여 만한전석이란 이름을 얻게 됐다. 다수의 한족과 소수의 만족이 융화하여 태평성대가 계속되기를 바랐을 강희제의 염원이 연회의 이름에 엿 보인다.

세상에서 가장 맛있는 음식을 골라 차린 만한전석의 요리 중 대중의 허를 찌르는 음식이 있으니 바로 흰쌀로 만든 흰죽이다.

추운 겨울 사냥에 나가 길을 잃은 황제는 숲속을 헤매다 간신히 인가를 발견한다. 그곳에 살던 눈먼 노인은 허기진 손님에게 쌀죽 한 그릇을 대접했고, 황제는 이 죽을 최고의 음식으로 달게 기억했다.

황제에게는 빈속을 달래주었던 흰죽이 어떤 요리보다 훌륭한 음식이었던 것이다. 처음 연회를 준비할 때 강희제는 흰쌀죽을 반드시 상에 올리라고 명했다. 최고의 귀한 요리들 앞에 쌀죽을 놓으라 한 황제의 마음이 넓고 깊다.

만한전석의 가장 귀한 음식이 한 그릇의 흰쌀죽이듯, 아무렇지 않게 보이는 평범함이 비범함을 넘기도 한다.

우리가 여고생일 때 엄마가 차려주시던 밥보다 좋아했던 분식집의 음식도 우리에겐 만한전석의 화려한 요리에 밀리지 않는 영혼의 음식이다. 밥맛이 없어 어디 입맛 당기는 음식이 없나 두리번거리는 것이 행사가 됐다는 까탈스런 식성의 친구도 여고 시절 쫄면을 이야기할 때면 눈에서 생기가 돈다.

어쩌면 우리가 그리워하는 것이 엄마에게 참고서 값을 부풀려 받은 용돈으로 사 먹던 분식집의 튀김이나 호떡이 아닐지도 모른다. 그냥 그 시절이 그리운 것이다. 도시락을 먹고도 돌아서면 군것질거리를 찾던 여고 시절, 볼살을 터지게 만들어줬던 분식들을 이야기하면서 우리는 여고생으로 돌아간다.

무엇이든 맛있고 재미있던 1970년대 중반의 봄, 여름 그리고 가을, 겨울. 아름답던 교정도 학교 앞의 분식집도 모두 사라져 버렸다. 그러나 그 아름다운 시절을 함께 했던 친구들이 곁에 있다. 세월이 흘러 새치를 걱정하는 나이지만 내 앞에서 맑게 웃는 친구의 얼굴은 항상 열일곱의 홍안이다.

먼지 일던 도로는 아스팔트 포장이 되고 골목을 이리저리 휘돌던

실개천들은 모두 복개되어 내 고향 청주의 원래 모습은 자취조차 희미하다. 그러나 청주에서 생명을 얻고 혼을 기르며 살아온 청주 사람에겐 순박하고 어수룩한 지난 시절의 추억이 어제처럼 생생하다. 가슴 속에 남아 있는 아름답고 천진하던 시절의 청주, 그 추억을 어찌 떨칠 수 있으랴. 시간이 지나 청주의 모습이 더 많이 변한다 해도 내 마음의 청주는 언제나 옛 모습 그대로일 것이다.

류경희 | 『월간문학』 등단(1995년). 수상 : 환경부장관상, 청주시 문화상, 함께하는 충북도민대상, 청주문학상, 청주시 문화상, 연암박지원문학상 대상, 계관문학상 등. 저서 : 수필집 『그대 안의 blue』 『세상에서 가장 슬픈 향기』 『소리 없이 우는 나무』 『빛나는 유리반지 하나』 『즐거운 어록』 『코로나 아카이브(전자책)』 『어둠 속에서도 희망을』, 환경 동화 『우리가 만드는 푸른 세상』 외 공저 다수. 국제PEN 한국본부, 한국문인협회, 청주문인협회, 대표에세이 문학회 회원.

그 쓴맛을 위하여 조현세

바람결도 한결 얇아진 초가을 저녁, 문우文友 별장을 찾았다. 해가 산 아래로 기울 무렵, 텃밭을 함께 돌다가 풀숲 언덕에서 뜻밖의 풍경과 마주쳤다. 봄도 아닌데 머위 줄기들이 제법 웃자라 있었다. "이건 또 언제 이렇게 자랐담. 봄맛이 날 것 같은데" 문우가 풀잎 사이로 조심스레 들어가며 중얼거렸다. 나도 그를 따라 몇 줄기 꺾기 시작했다. 손끝에 닿는 묵직한 탄력, 은은한 저항. 지난 시절, 어머니 곁에서 무심히 바라보던 장면이 문득 떠올랐다. "근데 이건 좀 미안하네. 겨울 전에 꽃 피워야 하는데 우리가 뜯으면 다시 꽃을 피울 수나 있을까?" 문우의 웃음 섞인 말에 마음 어딘가가 톡 건드려졌다. 머위는 쓴맛으로 자신을 지키는 식물이다. 어린 새순들이 함부로 뜯기지 않도록 생존의 본능이 고요히 스며 있다. 그 쓴맛은 말 없는 방어이자, 세상과 적당한 거리를 두려는 방식이다. 그래서인지 머위에는 벌레조차 쉽게 붙지 않는다. 그렇게 단단히 스스로를 지켜낸다.

그날 밤, 머위 줄기를 들고 마당 평상에 나란히 앉았다. 찻잔 하나 곁에 두고, 맨손으로 껍질을 벗기기 시작했다. 머위 줄기는 질겨 껍질이 잘 벗겨지지 않았다. 천천히, 얇게, 애써 한마디쯤 꺾어가며 벗기다 보니 손끝에 쓴 진이 묻었고, 어느새 손바닥이 까맣게 물들어 간다. "이게 또 잘 안 씻기잖아." 문우가 웃으며 말했다. "그러게 손에 남는 쓴맛이지." 그 말이 입가에 오래 맴돌았다.

별장 용마루 위로 북두칠성이 떠 있었고, 국자 모양 별자리 그 안에 서로의 정이 고요히 담기고 있었다. 우리는 어릴 적의 아프고도 아름다웠던 기억들을 하나씩 꺼내어 나누었다. 대나무 평상 위, 북두칠성은 도는데, 말보다 긴 침묵이 오갔지만 마음은 가까이 닿아 있었다.

이튿날 아침, 검게 물든 손을 조심스레 씻었다. 비누로도 쉽게 지워지지 않던 진. 물속에 손을 담그며 색을 가만히 바라보았다. 마치 오래된 기억처럼, 쉽게 사라지지 않는 감정처럼. 어머니도 맨손으로 머위 껍질을 벗기셨다. 된장과 깨소금으로 무쳐내고, 내 앞 접시엔 설탕 한 술 슬쩍 얹어주셨다. 나는 쓴맛을 몰랐고, 오로지 단맛에 길들여 살았다. 그러나 인생은 단맛만으로 흘러가지 않았다.

머위의 그 쓴맛이 그리워지기 시작한 건, 어머니가 더는 음식을 할 수 없을 때부터였다. 나는 마트가 아닌 둔덕에서 머위 줄기를 꺾고 있었다. 손끝에 닿는 쓴 진, 검게 물드는 손바닥, 그것을 천천히 씻어내는 느린 시간. 그 과정에서 마음도 조금씩 껍질을 벗었다.

나중에서야 문우가 말했다. "먼저 삶고 껍질을 벗기면 진이 덜 묻어." 살면서 알게 되는 일은 언제나 단순하지만 대개 조금씩 늦게 도착한다.

머위는 단순한 채소가 아니다. 그 안엔 계절이 담기고, 기억이 담기며, 사람이 담긴다. 쓴맛은 감정의 맛이다. 그리움과 용서의 맛이며, 입 안에 감도는 쓴맛을 느끼는 시간의 맛이다. 그날 밤, 평상에 나란히 앉아 머위 껍질을 벗기던 우리. 많이 말하지 않아도 마음은 편안했다. 비누로 문질러도 지워지지 않던 검은 자국이 조금씩 옅어질 무렵, 마음 한구석에서 잊고 있던 감사함이 천천히 피어올랐다. 어머니를 그렇게라도 기억할 수 있음이 얼마나 다행인가.

"다음엔 봄에 다시 오자. 그땐 덜 미안하게 먹자고."

문우의 말에 웃음이 났다. 그래, 다시 오자. 머위가 새순을 틔우면, 그 쓴맛을 껍질째 껴안을 수 있도록. 이듬해 봄에도 북두칠성은 여전히 밤하늘을 돌고 있을 것이고, 지난 가을밤 추억을 보태서 국자 모양에 넘치게 할런지⋯.

지금도 나는 가끔 머위나물을 무친다. 쓴맛은 여전하다. 그러나 이제는 안다. 결코 단맛만의 삶이 아니라는 걸. 쓴맛을 즐긴다는 건, 살아온 날들을 고스란히 받아들이는 일이다. 아쉬움에서 기쁨과 고마움을 함께 씹고 천천히 삼키는 일이다. 머위의 껍질을 벗기듯, 나도 내 마음의 단단한 껍질을 하나씩 벗겨왔다. 쓴맛 속에 숨어 있던 다정한 기억 하나, 뜨거운 사랑 속에도 고요히 배어 있던 쓰디쓴 시간 하나 둘, 그리고 묵은 후회까지 조심스럽게 되살아난다. 사랑은 환희와 즐거움만으로는 자라지 않는다. 때로는 함께 견뎌야 할 쓴맛도 있다. 쓴맛까지 마주하고 나누었을 때, 비로소 사랑은 깊어진다.

후기

이글은 음식 추억에 대한 몇 장의 상황을 묘사하여 Chat GPT에게 수필로 작성을 시켰다. 바로 나온 내용을 서너 번 수정하다가 Claude AI에게 재수정을 요구한 것을 다시 첨삭한 글이다. AI 이용을 밝히지 않고 그냥 제출하기엔 양심에 가책을 느낀다. 일종에 "의도적으로 글쓰기 도구를 이용한 글 사기꾼입니다." 라고 말하는 것이다. 이 또한 동인지이기에 실험성을 내세워 제출한다. 물론 AI를 이용한 글을 동인지에 내지 말라는 언급은 없었다. 그러나 본인은 3년째 AI를 활용하여 내왔으며, 그때마다 AI를 이용했다고 밝혀왔다. 23년도 『스승의 초상』 동인지에는 이미 써둔 글을 AI로 수정하는 과정을 비교적 자세하게 밝혔다. 그리고 'AI가 글쓰기 스승인 셈이다'라는 제목도 달았다. 그때는 호기심이었다.

지난해 동인지는 '영화' 주제인바, 어릴 때 본 영화를 기본으로, 연상의 여자와 십여 년간 손 편지 교류해 온 내용의 과거 수필을 AI에게 넣어 아예 글쓰기를 공동 작업했다. 글의 완성도를 떠나서 쉽고 편했다. 물론 "AI 도움을 받은 글입니다"라고 덧붙였다. 그러면서 '감성 외도'라는 언급처럼 양심도 두꺼워졌다. 지금은 그 수필로 AI 프로그램을 이용한 시나리오 공모를 구상 중이다.

이번 '음식' 주제는 처음부터 AI 쓰기로 작심을 해왔기에 원고지 채울 고민을 아예 접었다. 즉 글쓰기 고뇌가 없어졌다. 글쓰기 두뇌(思考)의 노력을 AI에게 외주(때론 적극적인 협업)를 준 셈이다. 그동안 동인지에는 열성을 들여 쓴 글을 내야 하는 집념도 사라졌다. AI 의존형이 심각한 상황이라 여기에 고백하는 것이다. 마감 임박에도 당황하지 아니하며 노트북에 있는 열 개의 AI 창 중에 어느 것이 내 글맛에 맞는지 검색부터 한다. 어느 정도 완성도가 높아질 때까지 계속 보완 요청하면 AI는 충성을 다해준다. 물론 AI를 비판적으로 보는 글눈을 크게 떠야만 한다. "AI 이용 글쓰기"를 이대로 둘 것인가? 토론이 필요하다.
 - 어느 동인은 "먼저 당신의 양심이 필요하다."라고 말씀하실 것 같다.

이제는 글쓰기의 여러 장르―수업, 수필집, 공모전(최근 어느 백일장에 심사한 분의 말을 빌리면 중학생 70% 정도가 AI를 이용한 느낌) 등에서 AI를 얼마나, 어떻게 활용했는지 밝히는 투명성이 중요해지는 시대가 왔다. 특히 최근에는 'AI가 쓴 글인지'를 판별하려는 시도들도 늘고 있으며, 일부 교육 기관이나 출판계에서는 Google Docs의 자동 기록 기능이나 Turnitin Clarity 같은 AI 활용 탐지 기술을 도입하려는 움직임도 있다.

앞으로는 정말로 '사람이 직접 쓴 글'임을 증명하거나, 필자처럼 아예 'AI와 협업의 과정을 함께 공개하는 방식'이 글쓰기의 새로운 기준이 될지도 모른다.

그런 흐름은 AI 활용 글쓰기가 번지는 지금, 오히려 창작자의 진정성과 태도를 더 날카롭게 묻고 있다. 원고지 한칸 한칸 써온 양심과 AI 이용 달인 사이에 있음이다. 이에 등단 30년 동안 인연 맺은 동인지에 이런 식으로 어지럽히는 짓은 이것으로 끝낼 참이다. 故김수봉, 김학 同人 선생님 그립습니다. 그동안 졸고(拙稿)를 읽어주셔서 고맙습니다.

조현세 | 『월간문학』 수필 등단(1995년). 저서 : 수필집 『마라톤과 어머니(2005)』, 콩트집 『현세 콩트 conte. 세상을 살피다(2021)』, 산문집 『할배, 백일해 예방주사를 맞다(2022)』. 도시계획 기술사.

신도안 엿 이야기

김선화

사람들은 수시로 엿을 산다. 음식을 할 때는 물론이고 입시를 앞두거나 어떤 갈망하는 일이 있을 때 척하니 이루어지길 바라는 심정에서 그 끈끈한 것을 준비해 소망을 얹는다.

고향엔 지역 이름을 딴 '신도안 엿'이 오래전부터 명성을 얻고 있었다. 오일장을 오가는 상인들이 더 먼저 알아볼 정도로 맛이 유명했다. 살림살이가 넉넉지 않은 집안의 아버지들은 땔감을 해서 엿 공장에 져다 주고 몇 푼의 돈을 장만해 자식들의 학용품을 댔다. 내 아버지도 농한기가 되면 허구한 날 지게를 지고 뒷산을 누볐다. 흑룡이 승천했다는 신도안면 '은골'을 지나고, 동학사 앞산이 늠름하게 들어오는 공주 '동월'을 거슬러, 시인 묵객들이 유유자적하기 그만인 유성의 '수통골'까지…. 새벽에 나선 아버지는 밤이 이슥해서야 돌아올 때가 많았다. 어쩌다 해지기 전에 내려오는 봄날엔 나무 다발에 꽂힌 진달래가 하늘거리며 동행했다. 그럴 때의 아버지 걸음걸이는 경중경중 춤을 추는 듯하였다. 잇따라 내 마음은 평화롭기 그지없었다.

그 무렵 마을의 언니오빠들은 툭하면 오밤중에 갱엿 내기를 하였다. 지는 편에게는 깜깜한 5리 길을 다녀와야 하는 벌칙이 내려졌는데 누구도 크게 불평하는 일이 없었다. 그때는 군소리 없이 밤길 나서는 그들이 참 안 되어 보였는데, 요즘 와 돌이켜보면 젊은 남녀들의 은근한 로맨스도 그 길에 싹텄을 법하다. 콩이며 쌀이며 살금살금 움켜내어 엿을 사 먹었을 청춘들이 계룡산 자락을 끼고 어디 한둘이겠는가. 그 엿 덩이에 어금니 빠진 사람들도 수를 헤아릴 수 없을 것이고….

내게도 엿과 관계해서 잊을 수 없는 사건이 있다. 초등학교 졸업식을 며칠 앞둔 날, 6학년 아이들은 '사은회'라 하여 각자 다과 한 가지씩을 준비하기로 했다. 궁리 끝에 우리집에서는 갱엿 한 근을 사다가 누글누글하게 녹여 콩고물을 발라 옴츠렸다 늘이기를 반복했다. 그러는 사이 고소한 맛의 꽈배기엿이 만들어졌는데, 그것을 엄마는 연녹색의 사기 접시에 정성껏 돌려 쌓아 장독대에서 하룻밤을 재웠다. 그래 뵈도 여식의 담임선생님께 바치는 음식이니 귀히 여기는 용기에 격조 있게 담아 보자기로 둘러싼 것이다.

다음날 친구들은 각자 준비해 온 보물들을 펼쳐놓았다. 어떤 아이는 달걀을 삶아오고 어떤 애는 제법 세련되게 비스킷 등속을 풀어 얌전히 진열했다. 나도 내심 의기양양하게 보자기 속의 비밀을 내놓을 참이었다. 하여 교실에 모이신 선생님들 입안 가득히 단물 고이게 할 심산이었다.

그러나 이게 웬일인가. 그 귀한 것이 그만 한 덩이가 되어 있었다.

아무리 떼려 해도 떨어지지 않고 접시 밑바닥에 찰싹 붙어 진갈색 탑을 이루고 말이다. 나는 울상이 되어 어쩔 줄 모르는데, 선생님들은 빙긋빙긋 새는 미소를 참으며 그것을 넌지시 남학생들에게 넘겼다. 짓궂은 남자애들은 기회는 이때다 하며 환호했다. 엿이 담긴 접시를 연신 던지고 받으며 점퍼 안자락에 감추기까지 했다. 그때의 민망함이라니…. 얼굴이 화끈해진 나는 좀 더 완벽하지 못한 엄마의 솜씨를 원망하며 씩씩 부아를 삭였다. 콩고물을 더 넉넉히 섞었더라면 본래의 맛은 덜하더라도 낭패는 면했을 것이라는 아쉬움이 컸다. 엄마는 속도 모르고 접시 타령을 했지만, 내 머릿속엔 킬킬거리던 머슴애들 얼굴만이 맴돌았다. 다음날도 그 다음날도 남자애들은 씽긋씽긋하며 엿 잘 먹었다는 인사치레뿐 접시 이야기는 없었다. 나 역시 그 악동들에게 울 엄마가 아끼는 접시 돌려달라는 말을 끝내 하지 못했다.

　지금은 우리들의 애환 서린 엿 공장이 말끔한 식품 공장 간판을 걸고 외양 번듯하다. 옛 지명 신도안도 '계룡시'라는 도시로 거듭난 지 오래다. 그 지역 사람들이 나라 사정에 의해 탯자리를 옮겨 앉았듯이, 장터거리의 작은 식료품 공장도 세월 속에서 새로운 터를 잡아 계룡역 인근에 자리하고 있다. 그곳에 신도안 엿의 원조 격인 노인이 생존한다 하여 큰맘 먹고 찾아 나섰다.

　시루봉 아래 살던 뉘 집 딸이라고 밝히자 옹翁이 반색을 하여 나는 일순 울컥했다.

　"저희 아버지요, 할아버지 엿 공장에 나무해다 팔아 저희들 키우느라고 집에서는 가시나무만 땠어요."

옹은 지그시 눈을 감았다. 그러다가 묵직하게 입을 열었다.

"그랬지. 그래도 나무장수라도 할 수 있는 아버지를 둔 것은 행복한 거여. 그 시대 등짐이라도 져 나를 수 있는 아버지는 부지런하고 건강하다는 증거거든. 암. 그런 집은 행복한 집이었고말고. 상이용사 집안에, 폐병 앓는 사람에, 어려운 이들이 좀 많았는가. 나도 그때 아버지 노릇 하느라고 시작한 엿 고는 일을 이젠 자식에게 물려주고 뒤에서 거들기나 하지. 그래도 그거, 방부제 안 쓰는 고집은 여전해."

이번엔 내가 눈을 감았다. 이렇듯 귀한 육성을 어디서 들을 것인가. 자라는 동안 진정으로 나무꾼 아버지를, 농사꾼 아버지를 자랑스럽게 여긴 적 과연 몇 번이던가. 허기진 배로 나뭇단을 채우느라 험준한 산을 오르내리는 그 다리에 대해서는 깊이 생각해 보기나 하였던가. 그 옛날 아궁이가 미어지도록 가시나무를 우그려 넣으면서도 자식들에게 거는 기대로 충만하던 어버이들의 가슴속 훈기가 엿 공장 증기를 통해 하늘가에 희붐한 무늬를 그린다. 어떤 신묘한 처방을 하지 않았는데도 그 차진 이야기들이 좀체 소멸될 기미가 없다.

김선화 | 1999년 『월간문학』 수필 등단. 2006년 『월간문학』 청소년소설 등단. 2024년 『한국수필』 평론 등단. 수필집 『밤기차와 연꽃』 외 13권, 선우명수필선 『공진』, 한국수필가협회 100인선 『춤추는 풀』, 시집 『빗장』 외 3권, 청소년 소설 및 동화 『솔수평이 사람들』 외 2권. 한국문협작가상, 한국수필문학상 외 다수. 한국수필 편집장 역임. 이메일 morakjung@hanmail.net

마지막 만찬 앞에서

이해옥

언제나 저녁은 온다. 그날처럼. 노을에 익힌 하루를 먹는 시간이다. 너와 내가 마주앉아 저녁을 먹던 그날도 노을은 붉어서 뜨거웠다. 파닥거리는 물고기 눈에 고인 바닷물처럼. 핑글 도는 미련에 밥 말아 먹던 그날. 너와 나는 그동안 사느라 수고 많았다는 인사 대신 인연 한 그릇 담긴 식사를 했구나.

담에 시간 내서 밥 한번 먹자는 말처럼 따뜻한 인사가 있을까. 언젠가는 너와 단단한 인연을 맺고 싶다는 말이기도 하다. 음식을 같이 먹는 사이란 삶을 나누는 관계란 뜻이지. 음식으로 마음을 나누면서 사는 이야기를 서로 엮다 인생 동행자도 되지. 밥을 같이 먹는 동안 친구가 되고, 한솥밥 먹는 식구도 되잖아.

식탁에 앉으면 길이 보여. 어떻게 살아야 하는지 묻고 싶은 날은 밥부터 먹어봐. 땡볕을 견딘 곡식들 알알이 모여 한 끼 밥이 되어 있어. 찬 서리 호되게 맞으면서 살던 배추도 사는 것이 맵더라며 고춧가루 덮어쓰고 누워있잖아. 속이 썩을 만큼 문드러진 된장 냄새도 보글보글 맛 내는 게 삶이라. 먹고 나면 차오르는 생의 포만감도 잠시지만. 모든 살아있는 것들이 그렇게 살고 있어.

　너는 달빛에 구운 고등어를 앞에 두고 말한다. 노르웨이 바다에 살았던 고등어라고. 먼바다에서 여기까지 이어진 고등어의 순례길. 살자고 걸어온 길에서 그물에 걸린 것이다. 고생길이라 바다 비린내마저 애처롭다. 인생길 걷다가 덜컥 발목을 붙잡던 그물들. 뿌리치기 위해 필사적으로 살아오는 동안. 저녁이 되면 안심하고 밥을 먹는다. 생의 마지막 식사처럼 특별한 심정으로.

　사는 것이 비슷하다. 생명을 위해 생명을 먹어야 하는 숙명인 탓이다. 지금 당신이 살아 숨 쉬는 것은 산과 바다가 키워낸 생명 덕이다. 당신을 위해 생의 식탁에 제물로 바쳐진 생명체를 위해 묵념하듯이 먹어야 하는 것이 음식이다. 당신의 목숨이 귀한 것은 그 많은 생명체의 희생 때문이다. 생각하면 음식을 먹는 행위는 신에게 제사를 드리는 것이나 진배없다.

　그냥 그렇게 사는 게 세상 이치야. 물고기도 못 먹고 고기도 못 먹고 대체 넌 뭘 먹고 사노? 풀만 먹는 나더러 엄마는 소도 아니면서 쯧쯧 혀를 차곤 했는데. 머리 깎고 산에 살면 딱 좋은 체질이야. 언니도 놀렸지만 살아서 퍼득이는 붕어를 솥에다 넣고 불붙이는 엄마가 무서웠다. 뽀얀 국물로 변해버린 붕어탕을 삼키는 언니도 보기 싫었다.

　풀만 먹다가 고기를 먹기 시작한 건 결혼 하면서다. 음식 취향을 남편에게 맞춰야 했기 때문이다. 유독 돼지고기를 좋아하는 남편과 먹는 식사는 언제나 불편했다. 돼지고기를 보면 꿀꿀 소리가 들렸고, 소고기를 보면 음매 소리가 환청으로 들렸다. 그러다 질끈 눈 감고 돼지고기 먹었던 날 온몸에 붉은 반점이 생겼다. 유독 돼지고기를 거부하는 내 몸. 채식만 먹다가 갑자기 육식이 들어오니 당황스러웠던 모양이다.

고기를 즐기는 사람은 툭하면 화를 낸다. 언니도 동생도 그리고 남편도 비슷한 성격이다. 도살장에 끌려가던 돼지와 소의 분노가 몸속을 돌아다니는지. 육식을 즐기는 사람을 보면 공연히 조심하게 된다. 노루가 표범을 보면 온몸을 움츠리듯이. 돼지처럼 꿀꿀거리고 소처럼 들이받는 사람은 대충 돼지고기와 소고기를 잘 먹는 사람이다.

채식을 즐기는 사람은 대부분 마른 체질이다. 성격이 조용하다. 바람에 나부끼는 풀잎처럼 연약해 보이지만 심지가 깊다. 부드럽지만 강한 면이 있다. 그래서 골고루 골고루 먹어야 건강에 좋다고 하는지도 모른다. 산과 바다의 조화처럼. 사람의 몸도 아름다운 질서를 유지해야 하니까. 지구가 거대한 별이라면 사람은 우주 속에 있는 작은 별들이다. 저마다 살아 있으므로 생명이라는 빛을 품고 있다.

너와 나는 서로에게 태양이며 달이다. 서로를 살리는 빛나는 생명체다. 그래서 예수는 말했지. "너희는 세상의 빛이라고." 사는 것은 자신이 가진 빛을 밝히는 것이야. 아무도 홀로 어둠 속에서 울다가 죽지 않게. 생명체를 사랑하란 말이지. 예수는 인류를 살리는 빛이 되기 위해 십자가 참형을 거부하지 않았지. 십자가는 온 인류에게 새로운 생명을 주기 위해 차려진 신의 제단이었어.

　예수가 열두 제자들과 마지막으로 나눈 식사도 저녁이었지. 식탁 위에는 빵과 포도주밖에 없었어. 예수는 제자들에게 빵 한 조각을 떼어 주며 말했지. "이것은 너희를 위하여 내가 버리는 내 살이라" 그리고 "이 잔은 너희를 위하여 흘리는 내 피라"고 믿거나 말거나 인류는 예수의 살과 피로 인해 새로운 삶을 얻게 된다니. 그런 의미에서 성경은 온 인류에게 바쳐진 생명의 식단이 되는 셈이지.

　해마다 예수의 마지막 만찬을 기념하는 성찬식에 초대된다. 예수의 이름으로 죄 사함을 받기 위해 세례 받은 성도는 누구나 성찬식에서 빵과 포도주를 먹는다. 예수의 살과 피를 먹고 마신다. 그동안 살면서 지은 죄를 낱낱이 회개하면서. 다시 태어나기 위해 예수의 생명을 먹는 것이다.

　오늘 저녁 식사가 생의 마지막이라면 무슨 말을 하게 될까. 너로 인해 내가 살 수 있었노라 고마워하는 눈물 한 방울 숟가락에 얹어 건넬까. 언젠가는 아니 바로 오늘일 수 있다. 너와 나의 마지막 만찬은 고상하지도 위대하지도 않지만. 다시 살기 위해 떠나는 너를 위해 바친 어느 목숨을 위해 묵념을 드린다. 비로소⋯.

이해옥 | 『월간문학』 수필 등단(1999년). 수상 : 신라문학대상, 청구문학상 수필 부문, 경주문협상. 저서 : 수필집 『사는 게 재미있니?』. 한국문인협회 회원. 경북문인협회 간사 역임. 前 경북일보 칼럼니스트.

명태가 만드는 세상   김윤희

속을 훤히 드러내고 배들배들 말라간다. 탄력을 잃고 조르르 코가 꿰어 좌판에 널브러져 행인의 눈치를 보고 있다. 오랜만에 한 코 집으로 들였다. 초롱초롱 총기 가득하던 눈동자는 흐릿해졌어도 자존심은 꼿꼿이 살아 있다. 비린내를 풍기지 않는다. 담백하다. 심해에서 자란 족속임을 지켜가고 싶은 게다.

깊은 바다에 거대한 집성촌을 이루고 당당하던 집안이다. 몸길이 30~90센티미터에 체중 600~800그램 정도, 늘씬한 체격이다. 어디 내놓아도 빠지지 않는다. 살짝 푸른빛이 도는 갈색 등판을 하고 은빛 배를 가진 외양에선 양반의 풍모가 느껴진다. 게다가 수염도 있지 않은가. 그가 세상에 존재를 드러나게 된 일화를 보면 누구를 만나느냐에 따라 존재의 의미와 가치가 달라지지 않나 싶다.

함경북도 명천에 사는 어부 태 씨가 어느 날 물고기 한 마리를 낚아 도백에게 드렸다 한다. 맛있게 먹긴 했으나 그 물고기의 이름을 아는 이가 없어 도백이 즉석에서 명천의 태 씨가 잡았으니 '명태明太'라 하면 좋겠다고 한 것이 그대로 이름이 되었다는 설이다. 흔히 북어北魚라고도 한다. 북방에서 잡힌다는 뜻이다. 수십 가지 이름을 갖고 이름마다 조리법도 맛도 다양하다.

어렸을 때는 한겨울 양은솥에서 설설 끓던 동태국이면 최고였다. 그 입맛은 지금도 여전히 살아 있다. 꽁꽁 언 것이라서 동태요. 생물 그대로면 생태다. 난 생태탕을 좋아한다. 동태보다 좀 비싸긴 하지만 살이 부드럽고 달다. 지리와 고니 내장도 감칠맛이 있다.

남편은 코다리를 좋아한다. 내장을 빼고 꾸덕꾸덕 반건조된 상태를 말한다. 코다리는 찜이 제격이다. 종종 해 먹는 음식이지만 할 때마다 맛이 제각각이다. 음식 솜씨가 하수인 까닭이다. 내 손에 걸린 코다리는 재수가 좋아야 맛있게 존재를 드러내게 된다. 어느 날 내가 먹어봐도 맛있게 요리가 되었다. 장한 마음에 마주 앉은 남편에게 "맛있지" 하니 잠잠하다. 고개라도 끄덕여주면 어디가 덧나나. "맛있지, 맛있지?" 턱 쳐들고 재차 물으니 한참 생각한 끝에 "뼈 치레라서 뭐" 한다. 갈치나 붕어라면 몰라도 코다리를 뼈 치레라니. 얄미워서 한동안 우리 집 밥상에서 아웃시켰다. 아내에게 칭찬하면 큰일 나는 줄 아는 사람이니 그 입에서 대뜸 나온 소리가 뼈 치레였다.

통으로 바싹 말라 뻣뻣하기가 나무토막 같은 남편은 영락없는 북어다. 한때는 다듬잇돌 위에 올려놓고 퍽퍽 두들겨 요리해 볼까도 했지만, 각자 살아온 세월이 있는데 어쩌랴. 그는 정년퇴직하고 손바닥만 한 밭뙈기에 오만가지 심어놓고 출근 도장을 찍는 동안 절로 녹진해져 코다리가 되어 가고 있다.

황태는 한데서 눈, 바람 맞으며 얼고 마르기를 거듭하며 자기 수련을 거쳐서인지 후덕함이 배어 귀티가 난다. 제사상에 올라 앉을만한 덕을 지녔다. 황탯국은 속이 아픈 사람, 뒤틀린 사람의 속을 편안하게 다스려 준다. 덕장에서 황태를 만들다 떨어진 낙태, 파태, 흑태, 무두태, 짝태, 깡태, 골태 등과 같이 질 떨어지는 녀석도 클태太가 들어가는 걸 보면 예사롭지 않은 종족이다. 봉태, 애태, 걱태, 난태, 낚시태, 그물태, 추태, 춘태, 간태 등 이름도 참 많다.

주관도 확실하고 풍미도 다채롭다. 그러나 다른 생선처럼 '나 생선입네'하고 어쭙잖은 비린내를 풍기지 않는다. 국이든, 찜이든, 구이나 조림, 어느 것이든 담백하고 깔끔한 맛을 낸다. 서로 다른 재료와도 융합하고 잘 어우러진다. 무, 시래기와는 환상적인 조합을 이룬다. 우리나라 사람들이 좋아하는 음식에 꼽히는 이유다.

얕은맛으로 치면 노가리를 당할 수 없다. 어린 녀석을 말린 것이다. 노가리 무침의 감칠맛은 입맛을 확 돌게 한다. 세상 돌아가는 이야기 술잔에 노가리 안주는 으뜸이다. 가정이나 사회, 국가적으로 보아도 아이가 최고다. 그 시대의 꽃이요 미래이기 때문이다.

한쪽에 밀려 있던 내장들도 자신의 존재를 알아 달라고 한목소리로 끼어든다. 창자가 먼저 꼬불꼬불 몸을 일으키며 입을 뗀다. "나, 창란젓이야. 내 몸에 청홍고추 썰어 넣고 파, 마늘, 생강 등 갖은양념 넣어 며칠 재워 봐. 단백질, 지방, 비타민 영양소가 뿜뿜이지." 고개를 끄덕이며 듣고 있던 명란젓도 점잖게 한마디 한다. 여러 말이 필요 없단다.

이것저것 양념도 필요 없이 짭조름한 젓갈 자체의 맛을 느낄 수 있다고 한다. 소금에 살짝 절인 상태로 숙성되면 똑똑 씹히는 알 식감, 그 자체를 그냥 즐길 수 있고, 알탕에 넣어 먹을 수도 있다며 값을 보라 한다. 고가 명품임을 은근히 드러낸다.

껍질부터 내장까지 어느 것 하나 버릴 것 없는 명태가 만든 세상, 이름만큼 다양한 사람들이 모여 사는 명천明川을 본다. 이제 더 이상 헤집어 남 탓하지 않고 서로 어우러져 융합하고 소통하는 세상, 속이 확 풀리는 사회가 되었으면 좋겠다. 냄비 뚜껑이 들썩들썩, 입맛을 끌어들이느라 신바람을 낸다.

김윤희 | 2003년 『월간문학』 신인상으로 등단. 한국문인협회, 한국수필가협회, 수필문우회 회원. 대표에세이문학회, 충북수필문학회 회장 역임. 저서 : 수필집 『순간이 둥지를 틀다』 『소리의 집』 『사라져가는 한국의 서정』 『어머니의 길』 『시간의 발자국』. 수상 : 한국문인협회작가상, 대표에세이문학상, 충북수필문학상 등. 현) 충북문인협회 부회장, 진천군립도서관, 충북혁신도시도서관에서 인문학 및 수필교실 운영.

낮술 한 잔을 권하다   김현희

'낮술에는 밤술에 없는 그 무엇이 있는 것 같다. 넘어서는 안 될 선이라거나, 뭐 그런 것. 그 금기를 깨뜨리고 낮술 몇 잔 마시고 나면 눈이 환하게 밝아지면서 햇살이 황홀해진다. 넘어서는 안 될 선을 넘은 아담과 이브의 눈이 밝아졌듯 낮술 몇 잔에 세상은 환해진다.' – 박상천의「낮술 한 잔을 권하다」중

오래전부터 좋아하는 시의 일부분이다. 평소 자신이 만든 정해진 틀에 갇혀 용기 내지 못하는 생각들의 대리 만족이랄까. 이 시를 처음 접했을 때 사람들의 겉모습에 가려진 진솔한 내면을 함께 공감하며 박하 향을 맡은 것처럼 머릿속이 시원해지는 느낌을 받았다. 나 또한 모임의 술자리를 굳이 선택하라 한다면 이런저런 연유로 낮술이라고 말할 수 있을 듯하다. 무엇보다 낮에 마시는 술은 저녁에 비해 그 여유로움이 배가 된다. 밤으로 깊어가는 시각에 마음이 쫓기지 않아도 될 것이며, 밖이 캄캄하여 창밖의 풍경을 보는 즐거움을 빼앗기지 않아도 되기 때문일 것이다. 더불어 낮술의 자리가 싱그러운 나무 향이라도

느낄 수 있는 테라스나 야외 자리라면 더할 나위가 없겠다. 고요함 속에서 돌돌돌 맑은 물 흐르는 소리가 들리는 개울가나 여행지의 강가나 바닷가, 비까지 내려주는 날이라면 가슴은 더한층 깊어지리라.

어쩌면 나란 사람은 음식 맛이나 식사하는 대상이 누구인지도 중요하겠지만 그 못지않게 둘러싸고 있는 공간적 분위기에 더욱 마음이 끌리는 사람일지도 모르겠다. 가족과 함께 예약 없이 외식이라도 할 때면 아이들이 음식점이나 카페에 먼저 도착하여 입구에서 종종 나를 기다린다. 내게 마음에 드는 자리를 고르게 하려는 가족들의 배려 아닌 배려 때문이리라. 아니 더 솔직히 말하자면 미리 좌석을 정한다 해도 어느 한 사람 영향으로 또다시 다른 자리로 옮겨야 하는 번거로움을 피하고 싶다는 게 솔직한 마음일 것이다. 이럴진대 감성과 감성이 어우러지는 자리라면 오죽할까.

전통적으로 술이라는 음식이 우리 여자들에게 다소 부정적이었던 것은 사실이다. 이젠 세상이 많이 달라져 남녀를 한정하지 않는 분위기로 그를 바라보는 시각도 많이 부드러워졌다는 것이 또한 사실이기도 하다. 하지만 어쩔 수 없이 체질적으로 맞지 않는 경우는 남녀의 성별에 그 차이를 두지 않는다. 나는 행인지 불행인지 흔히 말하는 현모양처이며 체질상 술을 전혀 못하시는 어머니 쪽보다는 사업상 대인관계가 넓고 낭만적이셨던 아버지, 그리고 조용하고 학구적인 성격이지만 술에 친화적인 유전자를 타고 태어난 세 오빠들 덕분에 비교적 술이 주는 분위기가 낯설지 않은 편이었다. 또한 남녀공학의 대학 생활에서 선후배들과 성실하게 참여한 써클 활동이 그에 한몫을 했음은 물론이다. 그렇기에 같은 또래의 여학생들에 비해 분위기를 맞출 수 있는 정도는 되지 않았나싶다.

  다만 음식이든 술이든 천천히 먹는 습관으로 평소 과식이나 과음이란 단어가 나와는 별로 가깝지 않다는 건 다행스런 일이다. 그렇지만 나 또한 감정에 휘둘리는 사람인지라 특별히 흥겨운 날엔 아슬아슬하게 그 경계를 넘을 듯 말 듯 한 순간도 없진 않았다고 고백하지 않을 수 없다. 하지만 더해가는 나이 따라 성향도 달라지고 이런저런 모임도 줄이면서 자연스레 술을 접할 기회도 줄어들은 건 사실이다. 간혹 그런 기회가 있다 해도 이제는 몸이 아닌 마음만 조심스레 적실 정도면 어떨까 하는 편이다. 사실 솔직하게 말하자면 나 또한 술을 전혀 못하는 사람들보다 조금은 즐길 줄 아는 사람에 대한 선호도가 높기는 하다. 그래서인지 젊었을 때부터 함께 한 남편 또한 그 후자로 '맑은 날 술을 마시는 것은 사람의 뜻이고, 비 오는 날 마시는 것은 신의 뜻이다.'라는 출처도 알 수없는 말로 나를 현혹케 했으니….

  어떤 모임 자리라 하더라도 그때그때 느낌이 다른 건 어쩔 수 없으리라. 흔히 우리에겐 첫 잔의 온몸으로 퍼져나가는 그날의 느낌으로 미리 분위기가 예상되어지던 기억들도 있지 않던가. 누구와 함께인지 어디에서 모임 자리가 펼쳐지는지에 따라… 물론 이런 자리에서 상대에 대한 배려는 기본이다. 적당한 거리는 아름다운 거리라고 누군가 얘기하듯이, 다소 역설적이지만 적당한 거리를 유지한 채 갖는 관계가 더욱 즐거울 수도 있겠다. 개인적으로는 많은 사람들이 아닌 한 테이블 정도의 모임을 좋아하는 편인데, 마음 맞는 소수의 지인들과 여유로운 낮술을 함께 한 기억들은 지금도 즐거움으로 남아있다. 평소 거리감을 느꼈던 상대도 진솔하게 건네는 낮술 한잔에 서로의 마음의 거리는 한층 가까워진다.

  이렇게 우리에게 친교의 자리를 부드럽게 해주고, 때로 망설이며 용기가 나지 않는 일에도 용기를 주며, 물이 넘치지도 모자라지도 않게 찰랑이듯 꼭 그만큼으로 적절히 절제하면 우리에게 즐거움도 덤으로 주는 술, 오늘은 문득 그 여유로운 낮술 한잔을 권하고 싶은 날이다. 오늘도 주어진 조건에서 열심히 살아가는 이들과 또한 하루하루 힘겹게 견뎌내는 모든 이들에게... 나또한 모범생이 되지도 못하면서 '모범생 콤플렉스'에 빠져 스스로 만든 틀을 깨지 못한 젊을 적 나 자신에게도 낮술 한잔과 시 한 편을 권하노니.

> '우리의 삶은 항상 금지선 앞에서 멈칫거리고 때로는 그 선을 넘지 못했음을 후회하는 것. 그러나 돌이켜 생각해 보라. 그 선이 오늘 나의 후회와 맞바꿀 만큼 그리 대단한 것이었는지. 안전선이라는 허명에 속아 의미 없는 금지선 앞에 서서 망설이고 주춤거리는 그대에게 오늘 낮술 한 잔을 권하노니…'
>
>   – 박상천의 「낮술 한 잔을 권하다」 중

김현희 | 『월간문학』 수필 등단(2004년). 저서 : 수필집 『진주 목걸이』. 한국문인협회, 한국수필가협회, 대표에세이 문학회 회원. 부산대학교 졸업. 박물관 대학 수료. E-mail : hyun103@hanmail.net

단술(식혜)

옥치부

　　　　　　　연일 찜통더위에 숨이 막힐 이번 더위에 갈증을 삭힐까 해 냉장고 문을 열어서도 볼 수 없는 단술, 옛날 그 식혜 맛이 그립다.

　그때 사이다 환타도 귀한 시절에 단술 맛을 즐겼으며 그 맛을 그리워한다.

　엿기름을 우린 물에 지여 밥을 넣고 새겨서 다려 우린 음료 음식이 바로 감주甘酒다.

　어머님 손 맛이 깃들고 뒷 맛은 감칠맛이 난다.

　때로는 쌀밥이 동동 떠오르는 그 기법이 대단하기도 했다.

　小肉多彩 고기를 적게 먹고 야채를 많이 먹으라고 한 시절,

　小厚多薄 진한 음식을 적게 먹고 단백한 음식을 많이 먹으라고 한 시절

　회고해 보면서 졸문을 드립니다.

옥치부 | 『월간문학』 수필 등단(2005년), 『국보문학』 시 등단(2021년). 수상 : 고운최치원문학상 본상, 오륙도문학상 본상, 실상문학상 작가상, 부산문학상 수필 대상. 저서 : 산문집 『내 마음의 요람』 『누님의 텃밭』. 동아대학교 법률학부 법학과 졸업(법학사). 부산수산대학교 산업대학원 수료. 한국문인협회 재정분과위원. 영호남문학 원로자문위원. 대표에세이문학회. 월간문학부산동인회 회원. 부산수필문학회. 부산불교문인협회 회원. 부산남구문인회 고문. 광보당 한약방 원장(현).

글쓰기와 요리

김상환

　설 명절을 앞두고 아내는 명절 음식을 준비하느라 분주하다. 나는 할 줄 아는 게 없어 도와주지 못하고 있으려니 미안한 마음이 들어 읽고 있던 책을 덮었다. 하지만 마땅히 할 일이 없어 텔레비전을 켰더니 전문 요리사가 명절 음식에 대해 소개하고 있다.

　그의 첫마디가 "요리는 단순히 음식을 만드는 행위가 아니라, 재료와 조리법을 통해 맛과 향을 만들어내는 창조적인 예술입니다"라고 했다. 요리사의 그 말을 듣는 순간! 문득 요리하는 것과 글 쓰는 과정이 닮았다는 생각이 든다. 요리에서 재료가 맛과 영양을 결정하듯. 글도 소재에 따라 작품의 수준이 결정되기 때문이다. 그뿐만 아니라 요리 솜씨가 좋으면 몸 건강과 마음을 즐겁게 해주고, 글솜씨가 좋으면 정신 건강과 삶을 변화시켜 주니 더욱 그렇다.

　요리도 글쓰기도 재료 준비로부터 시작된다. 요리할 때 각종 식재료를 준비하듯 글을 쓰기 위해서는 생활 속에서 느꼈던 특별한 장면이나 단어를 그러모은다. 똑같은 식재료도 조리법에 따라 다양한 요리로 탄생하듯, 같은 소재라도 어떤 장르의 글을 쓰느냐에 따라 글의 양상도 사뭇 달라진다. 그뿐만 아니라 아무리 좋은 식재료라도 요리 솜씨가 없으면 맛 좋은 음식을 만들 수 없고, 글솜씨가 없으면 좋은 작품이 될 수 없다.

평소 내가 글을 쓰리라고는 상상도 못 했다. 사업을 그만둔 뒤 새로운 취미 활동을 통해서 단조롭고 무료한 일상에서 탈피하고 싶어 시민대학을 찾아갔다. 아직 접수 시간이 되기 전에 너무 일찍 도착하여 기다리는 동안 안내 책자를 읽어보니 수많은 강좌 중에서 배우고 싶은 프로그램이 없었다. 그냥 돌아갈까 생각하고 있는데, 내 나이 또래의 남녀 십여 명이 오더니 접수 창구 앞에서 차례로 줄을 섰다. 그 모습을 보고 이왕 왔으니 나도 따라 해보자는 마음으로 그들 뒤에 서 있다가 시 창작 강좌에 수강 신청을 했다. 식당에서 많은 사람이 주문하는 모습을 보고 덩달아 같은 음식을 주문하는 경우와 같다. 접수를 시작한 지 얼마 안 되어 정원이 마감되었다며 더 이상 접수를 받지 않았다. 뜻밖의 광경에 시 창작에 관심을 가진 사람들이 이렇듯 많다는 사실에 놀랐다.

수업 시간에 지도 교수님께서 이해하기 쉽고 울림이 깊은 시가 좋은 시라고 하셔서 나는 그런 시를 쓰려고 노력했다. 그중에서 자유시보다는 정형시를 더 즐겨 썼다.

시를 쓰기 시작한 지 2년째 되던 어느 날이었다. 수업 시간에 난해

시를 잘 쓰기로 평판이 높은 이의 작품을 가지고 각자 평가하게 되었다. 대부분 칭찬을 하는데 유독 어느 한 여성이 문장이 유려하지도 않고 내용을 이해할 수도 없으니 시도 아니라고 혹평을 했다. 그러자 그 시를 쓴 이가 얼굴색이 갑자기 바뀌더니 자리에서 일어나 교실을 나가버렸다. 그러자 교수님께서 "다 같이 배우는 입장에서 문제점을 지적하는 것은 좋지만, 시도 아니라는 극단적인 표현은 삼가야 합니다. 잘못 쓴 시는 있어도 시가 아닌 시는 없습니다. 어떤 글이든 기본적인 구성만 갖추면 각자 취향이 다르기 때문에 좋고 나쁨이 없고, 우열을 가리기도 힘듭니다. 그래서 문학에는 정답이 없다고도 합니다."라고 했다.

강의실을 나가버렸던 그는 다시 오지 않았고 그날 합평 받았던 시는 문학상 공모에서 동상을 받은 작품이었다고 했다. 문학상에 입상은 했지만, 대상을 받지 못했으니 좀 더 수정 보완하여 자신의 대표작으로 삼으려고 했는데 혹평을 듣고 마음이 몹시 언짢던 것이다. 아무리 훌륭한 요리도 저마다의 입맛과 취향에 따라 호불호가 갈리듯, 글 또한 이처럼 저마다 전문적인 지식이나 취향에 따라 호불호가 갈린다는 사실을 깨달았다.

그런 일이 있고부터 어쩐지 시 쓰기가 싫어졌다. 요즘 문학상을 수상한 작품들을 보면 대부분 이해하기 어려운 난해한 시인데, 나는 그런 시를 쓸 줄 모를 뿐만 아니라 독자들이 이해할 수 없는 글을 써서 무엇 하냐 하는 생각이 들었기 때문이다. 나도 주간 신문사에서 공모하는 문학상에 응모하여 상을 받기도 했지만, 그건 심사위원의 취향이 나와 맞앉거나 아니면 운이 좋았기 때문일 것이라는 생각이 들었다.

　글쓰기를 그만두고 다른 취미를 찾아봐야겠다는 생각을 하고 있을 무렵 문우로부터 전화가 왔다. 도봉문화원에 수필을 잘 가르치는 선생님이 있으니 한번 찾아가 보라는 것이었다. 거리가 너무 멀어서 싫다고 했더니 강사의 명성을 듣고 경기도에서 다니는 사람도 있다고 하기에 한 학기만 수강해 볼 생각으로 등록했다.

　수업을 받으면서 소문으로 듣던 대로 잘 가르친다는 생각이 들었다. 강의를 듣고 있으면 머리가 훤해지는 것 같고 나도 글을 쓸 수 있다는 자신감이 생겼다. 선생님은 일상적 경험이나 사소한 사건을 새로운 시각으로 바라보는 낯설게 하기를 강조했다. 그 가르침을 명심하고 수업 시간에 배운 대로 쓰려고 노력했다. 하지만 타고난 소질도 남다른 재능도 없이 노력만 한다고 누구나 좋은 글을 쓸 수 없는 일이기에 이론처럼 글이 잘 써지지 않았다. 그렇지만 최소한 신변잡기라는 평만은 듣지 않으려고 최선을 다했다.

　요리사가 아무리 최선을 다해도 매번 음식 맛이 똑같지 않듯이, 각고의 노력을 기울여 글을 써도 작품의 완성도가 들쑥날쑥하다. 더욱이 칠순을 넘고부터 점점 발전하는 것이 아니라 퇴보하고 있어 글쓰기를 그만둘까 하는 생각이 들 때도 있다.

　깊이 헤아려볼수록 글쓰기와 요리는 공통점이 아주 많다. 좋은 재료에 훌륭한 요리 솜씨가 더해져서 최고의 음식이 만들어지듯, 글을 쓰는 일도 작품의 바탕이 되는 글감이 좋아야 한다. 그뿐만 아니라 요리

사는 음식을 맛있게 먹어 주는 사람이 없으면 요리를 계속할 수 없고, 작가는 독자가 없으면 글을 계속 쓸 수가 없다. 이처럼 공통점이 많지만 요리하기보다는 글쓰기가 더 어렵다는 생각이 든다. 좋은 음식 재료는 돈으로 살 수 있지만, 글감은 그럴 수가 없으니 작가는 좋은 재료를 찾기 위해 끊임없이 연구하고 고민해야 한다. 또 요리는 조미료를 사용해서 맛을 높일 수 있지만, 글은 그럴 수가 없으니 근면과 끈기를 바탕으로 많이 읽고, 더 많이 생각하고, 많이 쓰는 방법밖에 없다.

김상환 | 『월간문학』 수필 신인상(2006년), 『월간문학』 시조 신인상(2020년). 수상 : 경북일보 문학대전(수필 부문), KT&G복지재단 문학상(시 부문), 매일신문 시니어 문학상(시조와 논픽션 부문), 브레이크 뉴스 문학예술상(시 부문), 타고르 탄신 기념 문학상(수필 부문), 중구문예 문학상(수필 부문), 샘터사 샘터상(생활수기 부문), 대표에세이문학상(작품집). 저서 : 수필집『쉼표는 느낌표를 부른다』『선인장의 가시』, 자서전『한숨은 여유이고 눈물은 사치다』.

여름의 위로, 장떡

김경순

횟집 앞이 문전성시다. 손님은 사람이 아닌 갈매기였다. 이른 아침 횟집 주인이 고기를 손질 중이다. 회를 치는 도마가 수족관과 잇대어져 녀석들이 기다리기 딱 좋은 위치다. 그중 한 녀석이 억센 날갯죽지를 처들고 다른 갈매기들을 몰아낸다. 하지만 갈매기들은 그 위세에 뒷걸음질 쳤다가도 다시 제자리로 돌아가 앉는다. '일찍 일어나는 새가 벌레를 잡고, 높이 나는 새가 가장 멀리 본다.'라는 말이 무색하다. 횟집 앞 새들에게 중요한 건 오직 타이밍, 횟집 주인의 손놀림에 맞춰 갈매기들 고개가 절로 반응한다. 녀석들은 대충 봐도 스무 마리가 족히 넘는다. 횟집 사장이 가끔 던져주는 물고기 살점이나, 내장, 껍질을 차지하기 위한 치열한 전쟁이다.

더위를 피해 바다로 왔다. 8월의 여름 바닷가가 한산하다. 창문을 열면 파도 소리가 들릴 만큼 가까운 곳에 숙소를 잡았다. 숙소 바로 앞이 횟집이다. 헌데 문득 친정엄마가 생각났다. 왜일까. 왜소한 체구에 까무스레한 횟집 주인의 얼굴 때문이었을까, 아니면 횟집 주인의 부지런한 모습 때문이었을까, 그도 아니면 먹이를 차지하려 극성을 떠는 갈매기 때문이었을까.

　그날도 8월 불볕더위가 기승을 부렸다. 내 나이 열두어 살 안팎이었을 것이다. 개미도 아플 수 있다는 걸 그때 처음 알았다. 엄마는 날이 밝으면 밭으로 들로 당신 몸은 생각 않고 무쇠처럼 억척스럽게 사셨다. 그런데 견공도 걸리지 않는다는 여름 감기에 엄마가 쓰러졌다. 맏이인 언니는 읍내 버섯공장에 취직해 출근했고, 오빠들은 텃밭에 풀을 뽑으러 나갔다. 아버지도 동트기 전 윗말로 논일을 하러 가셨다. 결국 엄마 병간호는 내 몫이다. 수건을 물에 적셔 엄마 이마에 얹어 놓으면 금세 수건이 뜨듯해졌다. 찬밥을 끓여 입에 넣어 드려도 고개를 저으셨다. 그때 생각해 낸 게 장떡이었다. 나는 아홉 살부터 밥 짓는 것을 배웠다. 밭일을 하지 않는 대신이었다.

　마당 화덕에 무쇠솥 뚜껑을 뒤집어 걸었다. 딱히 프라이팬이 없던 때였다. 들기름으로 단련된 솥뚜껑은 엄마 얼굴마냥 까맸고, 엄마 손처럼 거칠거칠했지만 기름을 넣고 솔로 문지르자 이내 반지르르 변했다. 부삽으로 장작불을 밖으로 꺼내 불 조절도 했다. 밀가루에 물과 고추장만 넣어 휘휘 저은 반죽을, 들기름으로 윤기가 흐르는 솥뚜껑에 국자로 조금씩 떠 넣었다. 얼굴에서 땀이 쉴 새 없이 흘러 반죽에도 솥뚜껑에도 뚝뚝 떨어졌다.

　언젠가 친구 집에서 먹어 본 장떡이 그때 생각난 게 이상했다. 뭘 넣어 이렇게 맛있냐고 했더니 친구 엄마는 고추장만 넣으면 되는 게 장떡이라고 하셨다. 무언가 더 들어간 게 분명한데 고추장만 넣으면 된다는 말에 겁도 없이 그리 했던 듯하다. 처음 해 본 음식이었지만 정말 쉬웠다. 물론 부쳐 논 장떡은 가장자리가 거뭇거뭇 타긴 했다. 밀가루 반죽에 고추장만 넣었을 뿐인데도 빨그레하고, 반질반질 윤도 나 예뻤다.

접시에 장떡을 담아 엄마에게 가져갔다. 그새 엄마는 열이 내렸는지 앉아 계셨다. 한참을 바라만 보시던 엄마는 이걸 네가 진짜 했냐고 몇 번을 물으셨다. 눈에는 눈물이 그렁했는데, 자꾸 나를 보고 웃으셨다. 아직도 많이 아프시냐 하니 엄마는 거울 좀 보고 오라 하셨다. 거울 속에 내가 얼마나 꾀죄죄하던지 저절로 웃음이 나왔다. 화덕에서 묻은 그을음에, 땀으로 목욕까지 했으니 꼴이 가관도 아니었다. 그래도 엄마가 웃으시니 좋았다.

장떡 맛이 어땠는지 생각이 나질 않는다. 그날 엄마는 딸의 마음을 닮은 붉은 장떡을 입에 넣고 정말 맛있다, 맛있어 라는 말을 한참 동안 되뇌셨다.

횟집도 이제 조용하다. 회 손질이 끝난 모양이다. 그럼에도 미련을 버리지 못한 갈매기 두 녀석이 아직도 머리를 흔들며 기웃댄다. 개미를 닮은 횟집 사장, 한참 녀석들을 바라보더니 작은 물고기 두 마리를 던져 준다. 아마도 '옛다 녀석들아, 그만 애태우고 가거라.' 했을 것만 같다. 굽은 허리를 편 횟집 사장과 눈이 마주쳤다. 헌데, 오래전 돌아가신 우리 엄마가 서 있지 않은가. 개미를 닮은 또 다른 우리 엄마가….

김경순 | 『월간문학』 수필 등단(2008년). 수상 : 제1회 CJB 백일장 수필 부문 장원, 4회 충북 여성문학상, 대표에세이문학상, 2024 한국문화예술위원회 아르코 문학창작 수필 부문 선정. 저서 : 수필집 『달팽이 소리 지르다』 『애인이 되었다』 『돌부리에 걸체여 본 사람은 안다』 『그럴 줄 알았다』 『흐느실, 외갓집 가는 길』. 한국문인협회, 음성문인협회, 음성수필문학회, 충북수필문학회, 대표에세이 문학회, 한국수필, 수필미학 회원. 한국교통대 대학교육혁신원에서 오랫동안 글쓰기를 강의했음. 現 음성 평화제작소 글쓰기 수필 강의. 충청타임즈, 충북일보, 음성신문 수필 연재 중.

김 안 나고 뜨거운 남자

허해순

　어렸을 때 걱정거리가 생기면 그냥 잠을 잤다. 태엽을 감으면 음악이 흐르는 탁상시계 속이 궁금해서 다 분해해 놓고 맞추지 못하든가 엄마가 애지중지 모아놓은 헝겊 상자를 꺼내 친구들과 인형 옷 만든다고 분탕질 쳐놓고 뒤끝이 두려울 때 밥을 굶고 이불 속으로 숨었다. 내가 혼이 난 이유는 망쳐놓은 시계나 헝겊이 아니라 굶고 잤기 때문이었다. 정신과 의사가 가장 많이 듣는 질문이 "어떻게 해야 정신적으로 건강해질 수 있는가?"라는데 그 답은 바로 최선을 다해서 몸을 건강하게 만드는 것이라고 한다. 영양식으로 잘 먹고 많이 움직이고 잠을 푹 자서 몸이 건강해야 정신도 건강하다고 했다.

　결혼하고 주부로 살면서 가장 많은 시간을 할애한 일이 음식 만들기다. 일만 시간의 법칙으로 하루 세 시간씩 십 년을 투자하면 전문가가 된다는데 사십 년도 넘게 다섯 시간 이상을 꾸준히 반찬을 만들었으니 생활의 달인이랄까. 한 끼에 세 번의 상차림과 명절이나 기념일 그 외 모든 집안 행사를 내 손으로 다 해냈다. 남편 가문의 친척들은 일 년에 몇 번씩은 우리 집에 모였고 맛있게 먹는 한 상에서 늘 만남이 훈훈하였으니 자연히 집안이 화목했다. 시어머니와 사이가 좋았던 건 매끼 차려드린 밥상 덕이다. 그리고 시어머니 유품에서 보았던 기도문으로 충분히 보상을 받았다고 생각한다. 매일 새벽 눈 뜨자마자 그리고 하루를 마친 후 잠들기 전 드렸던 기도문 제목이 적힌 용지가 나왔을 때 뜨겁게 눈물이 흘렀다. 세 가지 제목 중 첫 번째가 큰며느리 건강과 만사형통을 위한 기도다. 나는 열심히 상을 차려 시어머니 육체 건강을 챙겼는데 시어머니는 매일 내 영혼을 위해 간구하고 계셨다. 내 남편도 시어머니 자신도 아닌 나를 위한 기도가 첫 째라니… .

시아버지가 돌아가시자 요즘은 상상하기 힘든 가치관으로 시집 식구들에게 압박을 받았다. 발인 직후, 그들은 남편만 올라가고 나는 고향에 남아 홀로 된 시어머니를 모셔야 한다는 것이다. 시어머니 나이 오십 대 중반이었다. 세 살 딸과 돌도 안 지난 아들에게 제 아빠와 떨어져 살게 한다는 게 용납이 되지 않아 거절했다. 그리고 다음 해 첫 기일 온 가족이 모인 아침상에 시어머니는 홍어탕을 가족마다 뚝배기에 하나 가득 떠서 밥그릇 옆에 갖다 놓으라 하셨다. 장자인 남편 것은 튼실한 살덩이로 젤 푸짐하게 떠 주셨다. 냄비에 남았는데도 내 것만 뜨지 않고 전날 남긴 초계탕을 먹으라고 하는 것이다. 긴 교자상 남편 옆에 나만 국 없이 앉아서 목이 메지만 내색을 안 하려고 노력하며 첫술을 뜨는데 남편이 자신의 그 푸짐한 뚝배기 그릇을 내 밥그릇 옆에 놓아주었다. 나는 숟가락으로 밥을 뜨는 대신 밥그릇 속 밥을 통째로 탕에 말아버렸다. 그리고 아무렇지 않은 척 꾸역꾸역 다 먹어 치웠다. 식구들이 이 상황을 지켜보는데 그들 모두 입을 꾹 다물었다. 그때 시어머니는 아들을 때려주고 싶을 만큼 화가 났을 터이다. 특별하게 뜬 홍어탕을 한 입도 먹어보지 못하고 시어머니와 함께 살지 않겠다고 한 며느리 입속으로 다 들어가게 했으니…. 훗날 내가 그때를 회상하며 남편에게 처신을 참 잘했다고, 살면서 남편에게 섭섭할 때마다 이 사건을 생각하며 내가 져주었다. 그리고 그로 인해 바로 시어머니와 함께 살았다. 남편의 이런 자세를 믿고서 말이다.

　시어머니 생신상을 만한전석으로 차린 서태후 생일상만큼은 아니더라도 식구들이 잘 먹어서 배가 너무 부르다는 투정을 즐겁게 하도록 차렸다. 큰 홍어를 사서 홍어탕을 끓이고 갈비찜, 해파리냉채, 잡채와 각종 전과 나물 그리고 구절판, 쑥인절미로 한식 한상차림이다. 매끼 시어머니 일상식도 정해진 시간에 차려 드린다. 고혈압약과 당뇨약을 식사 시간 전과 후로 복용하는 까닭이다. 나에겐 일요일이나 공휴일도 주어지지 않고 언제나 시간밥이었다. 그냥, 주부도 휴일 없는 직장인이라고 자조하며 전문직처럼 누구도 대신할 수 없다고 체념하며…. 분자요리까지는 아니지만 식재료를 연구하고 조리 방법을 익히며 특히 영양소를 분석하여 식재료가 서로 상승 효과를 내도록 하거나 영양이 배가되도록 했다. 집에서는 고기를 굽지 않고 수육으로만 먹게 했고 들깨탕이나 육개장, 녹두빈대떡 그리고 고구마순 김치 같은 손이 많이 가는 음식을 끊임없이 했다. 김치도 종류가 얼마나 많은가. 끼니마다 겹치지 않게 내려면 계절 따라 몇 가지씩 담그면서, 막 담근 생김치만 선호하는 시어머니 입맛에 맞추려고 한겨울에도 무생채나 봄동 겉절이를 준비했다. 소래 꽃게로 치즈 맛이 나게 찌고 탕을 끓이고 게장을 담갔다. 철마다 나는 식재료를 사서 갈무리 해놓고 누가 언제 손님으로 와도 한 상을 차려 내서 시어머니가 섭섭해하지 않게 했다. 내가 외출했다 돌아왔을 때 느닷없이 낯선 신발이 놓여있는 경우가 때때로 있었지만 당황하지 않고 손님맞이를 할 수 있었다.

남편은 오직 라면만 끓일 수 있고 냉장고에 차려 둔 반찬도 꺼내먹지 않는 사람이다. 집안 행사로 모였을 때 국물이 많은 해물탕을 보고 "한강 도강탕!" 이라며 은근히 조롱하듯 농담처럼 말해서 나를 당황하게 만들고 나에게 홍어탕 그릇을 넘겼던 그 자세로 홀로 된 시어머니를 생각했다. 언제나 약자 편이라는 거지. 시어머니 가시고 내가 반찬에 조금만 소홀해도 바로 라면을 끓인다. 엄마는 생전에, 아무나 모친을 모시는 게 아니라 내 남편 같은 아들이라야 모실 수 있다고, 말했다. 내 남편은 김 안 나고 뜨거운 남자라면서…. 그래서 내가 남편이 매생잇국이냐고 반문하며 웃었다. 아이들 대학 간 후에도 저녁에 외출 못 하게 하는 남편에게 나를 이젠 좀 풀어주라고 부탁했었고 효과가 좀 있었다. 저녁 모임에 나갔어도 모임 친구들보다 일찍 집에 돌아왔건만 거실에 앉아서 기다리는 티를 팍팍 냈다. 시어머니는 나를 구속하는 남편을 못마땅하게 생각하고 내 편을 들어 주셨다. 그리고 생의 마지막에 내 손을 잡고 고맙다고 하셨다. 나는 퇴직하고 집으로 돌아온 김 안 나고 뜨거운 남자에게 매일 데이고 산다. 이젠 낮에 하는 외출도 눈치 보며 일주일에 한 번 정도로 제한하고 있다. 시어머니 모시는 것보다 난이도가 훨씬 높다.

허해순 | 『월간문학』 수필 등단(2008년). 수상 : 제6회 한국문학인상 수상(수필 「맛타령」). 저서 : 공저 『담장을 허무는 사람들』 『生, 푸른 불빛』 외 다수. 한국문인협회, 대표에세이 문학회, 미래수필문학회 회원. 전북대 사범대 졸업. E-mail : nobleher@hanmail.net

증조할머니와 애저찜

김진진

나는 경주 김 씨 상촌공파 18대손이다. 중·고교 시절 아버지가 가끔 족보를 펴놓고 내 이름을 가리킬 때면 그게 신기해서 뚫어질 듯 들여다보곤 했다. 내 위치가 어디쯤인지 가늠해 보는 것은 묘한 설렘을 불러일으켰다. 출생과 더불어 씨족 사회의 일원이 되었다는 것이 내 삶의 근원을 품고 있는 원형이라도 되는 것처럼 알 수 없이 신비로웠다. 그렇게 해서 희미하게나마 혈연 의식이 싹트기 시작했다. 예로부터 우리 집안은 가족들 사이에서만 전해지는 비시秘事가 하나 있다. 어릴 때부터 할머니께서 귀에 딱지가 앉도록 시시때때로 들려준 이야기는 다음과 같다.

열여섯에 꽃각시로 시집온 증조할머니가 날이면 날마다 독수공방 신세였다지 뭔가. 어찌 된 일인지 두 살 많은 새파란 신랑은 초례청에서 혼례만 올렸을 뿐 신방 근처에는 얼씬도 하지 않더란다. 나이 어린 신부는 원삼 족두리도 벗지 못한 채 홀로 앉아 첫날밤을 꼬박 지새웠다지 뭔가. 까닭을 알 수 없으니 참 이상하기도 한 일이었다. 다 들 때가 되면 나아지려니 짐작만 할 뿐이어서 애달픈 시간만 속절없이 흘러갔다.

　증조할머니의 생김은 평범했어도 어딘가 준수해서 귀티가 있고 유순했다지. 머리만 얹었을 뿐 규수티를 벗어나지 못한 채 안방에서 바느질을 하거나 자수를 놓다가도 그저 먼 산 보기가 다반사였다. 말없이 조용한 성격으로 있는 듯 없는 듯해도 타고난 기운이 자애로운 데가 있었나 보다. 어린 나이에도 이해심이 많고 공손한 모습이 상대를 지긋이 바라보면 알 수 없이 자못 위엄이 있었다고. 그런 까닭에 시나브로 아랫사람들조차 은은히 그녀를 아끼는 마음이 절로 일어 어느덧 집안 가솔들 사이에 제 중심을 곧게 자리매김해 놓더란다.

　웃어른들은 하루빨리 종가의 대를 잇는 일이 중했지만 도통 내자를 찾지 않는 아들 때문에 이를 어이할꼬 나날이 근심만 늘어갈 뿐이었다. 혼례를 올린 지 여러 해가 지났어도 자신이 장가 든 사실을 잊어버리기라도 한 것처럼 매양 마찬가지였다. 혹여 마음에 둔 처자라도 있나 싶어 내막을 캐물어도 절대 그런 일은 없다 하였다. 어느 누구에게 눈길 한 번 파는 기색조차 없으니 참으로 귀신이 곡할 노릇이었다. 하여 젊은 각시는 앵두꽃 흩날리는 봄밤에도 잠을 못 이루고 홀로 안채를 이리저리 밟으며 마음 다스리기가 예사였다. 긴긴밤 휘영청 달빛 아래 이슥한 새벽에 이르도록 속울음만 삼킬 뿐이어서 보는 이조차 애잔함에 젖었다.

　사랑채와 안채 사이로 내외를 구분하는 헛담이 있었다고 한다. 신랑

보기가 하늘의 별 따기니 자연히 구멍 담에 눈길을 얹어보는 각시의 심정이야 오죽했겠는가. 그때마다 가끔 신랑을 훔쳐보았으니 날이 갈수록 튼실한 헌헌장부가 되어가는 것이 아니던가. 허나 석류꽃 붉게 피는 여름날에도 글 읽는 소리만 낭자할 뿐, 가을밤 청아한 풀벌레 소리는 애끓는 각시의 눈자위만 흥건하게 물들이곤 했다는 것이다. 그러구러 세월은 흘러 어느덧 증조할머니의 나이가 이십 대 중반을 넘겼으니 아들을 향한 웃어른들의 성화가 점차 불이 날 지경이더란다.

어느 해 초여름 새벽이었다. 하늘빛이 이제 막 어둠을 비켜 갈 무렵 행랑아범의 다급한 목소리가 안채를 울렸다. 간밤에 서방님이 동네 어느 과수댁 담을 넘었다가 큰 사달이 났다지 않는가. 그날따라 과수댁 남동생 둘이 누이 집을 찾아 한 방에 곤히 잠들었다는 것인데 이를 알 리가 있었겠는가. 야밤에 느닷없이 품고 자던 어린애 울음소리가 숨넘어갈 듯 터져 올랐단다. 어린것이 어딘가를 세게 밟혔던 모양이었다. 이에 놀라 잠결에 눈을 뜬 장정 둘이 이상스런 기척을 느끼고 웬 놈이냐 소리치며 덮치고 말았단다. 결국 그 사내를 근처 둥구나무에 칭칭 동여맸는데 알고 보니 이 댁 서방님이더란다. 그 일로 동리가 발칵 뒤집혔으니 이를 어쩌면 좋겠느냐고 행랑아범이 발을 동동 구르는 것이 아닌가.

사태를 짐작한 증조할머니는 급히 채비를 갖추고 나섰다. 둥구나무 아래 이르니 알 만한 이들은 죄다 둘러섰는데 제 서방님 면목 없기가 어찌 이리 딱할 수가 있나. 다들 눈치만 엿보는데 그 순간 서릿발 같은 한마디가 공중을 쨍하게 가르고 날아들었다. 어엿한 사내가 여인네에게 눈길 한 번 주었기로 이 무슨 대수란 말이냐. 당장 풀지 못할까! 당차고 냉담한 말투가 어찌 그리 속을 찌르듯 파고드는지 다들 간담이 서늘해져 다리가 후들거릴 지경이었다. 그리하여 제 서방님을 당당하게 앞세우고 돌아왔다니 가솔들이 놀라기는 이보다 더하였다고 한다. 예로부터 명자꽃 피면 동네 처녀 바람난다더니 역으로 우물가를 지나다 슬쩍 한번 봤을 뿐인 과수댁에게 목석같던 서방님 마음이 한순간 동하기라도 했단 말인가.

헌데 남녀의 조홧속이란 알다가도 모를 일이다. 서방님이라 불리는 나의 증조할아버지는 그로부터 서너 달 뒤 무슨 생각을 하였던지 어느 날 밤 증조할머니 처소를 은밀히 찾아왔다지 않는가. 그날 비로소 초야를 이루었다는 것이다. 이를 가상히 여긴 웃어른들은 과수댁 식솔들을 동리에서 멀리 이전시켰다고 한다. 사는 것이 신통찮으니 쓸 만한 집 한 채와 땅까지 마련하여 보냈다니 혹여 며느리의 속내가 불편할까 세심하게 살폈던 모양이다. 이리하여 증조할아버지의 발길이 차차 안채로 향하였으니 증조할머니가 샛별 같은 아들 하나를 겨우 얻은 것이 스물아홉 나이였다. 드디어 하늘을 보고 별을 딴 셈이다.

혼례 뒤 십삼 년 만에 간신히 아들 하나를 얻었으니 집안 어른들의 기쁨이야 오죽했겠는가. 증조할머니는 애지중지 귀한 아들이 서너 살 지날 무렵부터 때때로 '애저찜'을 해 주었다. 본래 애저哀猪란 암퇘지 뱃속에 들어있는 새끼를 의미한다. 이것을 먹는 것이 차마 슬프다 하여 붙여진 이름이다. 어렵사리 애저를 구하여 항아리에 넣고 물과 함께 인삼, 대추 등 각종 약재를 넣어 오랜 시간 뭉근하게 중탕을 해서 수시로 떠먹이곤 했다. 그 덕택에 나의 할아버지 되시는 이는 건장한 몸을 지니게 되어 장가를 들게 되었으니 할머니는 내리닫이로 아들 셋에 딸 하나를 두었다. 증조할머니는 이를 몹시 기뻐하여 며느리인 할머니를 아꼈다.

그러나 하늘이 사람을 낼 때에는 각기 그 쓰임이 달라 누구도 운명을 장담할 수는 없는 일이었다. 일제 치하에서 일찍이 비밀리에 독립운동 자금을 대던 내 할아버지는 1929년 발생한 광주학생 독립운동에 자금을 많이 대준 것이 발각되어 일본 경찰에 의해 투옥되고 말았다. 그 이전부터 이미 요시찰 인물에 올랐던 탓에 몹쓸 고문과 조사에 시달리다 정식 재판도 없이 부당하게 사형을 언도 받았다. 이에 울분을 참지 못한 할아버지는 그 전날 옥중에서 스스로 유명을 달리했다. 그때가 서른넷이었으니 증조할머니의 심정은 애통 하다못해 절통하였다. 할머니의 충격은 이보다 더 극심해서 짐작조차 할 수가 없다. 느닷없는 아비의 부재로 어린 자식들은 제 부모의 억울한 행적을 충분히 수습조차 못하였으니 그것이 역사가 남긴 우리 집안의 슬프고도 억울한 운명임을 어찌 말로 다 하랴.

이런 일로 자리보전을 면치 못하다가 겨우 정신을 차린 증조할머니는 그때부터 모든 관심이 맏손자인 내 아버지에게 쏠리기 시작했다. 집안의 장손을 위해 지극정성을 마다하지 않았다. 자신의 아들에게 해 주던 애저찜을 아버지에게 대물림함으로써 자식을 잃은 어미의 쓰라린 상처를 맏손자에게 아낌없이 쏟았다. 아버지 밑으로 남동생이 둘이나 있었지만 늘 우선순위에서 밀려났다. 그 때문인지는 몰라도 나의 두 분 숙부님들은 칠십 대 중·후반에 각각 세상을 뜨셨다. 하지만 내 아버지는 젊었을 때부터 줄곧 건강한 편이었다. 육십 대 초반에 뇌졸중으로 쓰러져 잠시 한쪽이 마비되었지만 신속하고 우수한 한방치료 덕분에 석 달도 채 안 되어 훌훌 털고 일어나 온전한 육신을 되찾았다. 현재 미국 포틀랜드에 살고 계시는 나의 아버지는 올해 연세가 백한 살이다. 일 세기를 넘긴 것이다. 증조할머니의 애저찜 덕분인지 아직도 건재하시다. 이는 참으로 감사한 일이다.

김진진 | 2011년 『월간문학』 수필 등단. 한국문인협회, 대표에세이문학회 회원. 대표에세이 전국회장 역임. 수상 : 동서문학상, 대표에세이문학상, 원종린수필문학상, 흑구문학상, 월간문학상 외 다수. 저서 : 소설 『오래된 기억』, 수필집 『어느 하루, 꼭두서니 빛』 『나의 부캐를 찾아서』, 공저 『대표에세이선집 30주년 기념』 외 다수. 가곡 : 〈그대와 나〉 〈그대의 뒷모습〉 작시.

꿈꾸는 애벌레

원수연

 방 하나는 창고다. 딸이 쓰던 침대 외에 자질구레한 살림은 모두 그 방 안에 있다. 앞뒤 베란다에 두기 마땅하지 않는 살림은 그 방이 담는다. 방은 다른 방에 비해 덥기도 하고 춥기도 하다. 어느 날부터 자연스레 창고가 되었다. 주식인 쌀도 그 방에 손님처럼 늘 담겨있다. 어느 해 여름날 나방이 춤을 추며 나비가 되어 방을 비행한다. 몇 마리 어디서 온 것인가? 모기 잡는 모기 채를 들고 쫓아다니며 그들의 번식을 막아야 했다. 한 마리 두 마리이던 나방이 숨어있다 세상을 놀리듯 유영하는 꼴이었다.

 쌀자루는 생각을 못 했다. 쌀을 일반 통에다 덜어 김치냉장고에 넣어놓고 먹는다. 그해 봄하고 여름날의 기억이 떠올랐다. 결혼하고 한 일 년은 직장을 다녔다. 훗날 그만둔 것을 후회했지만 안목이 그것밖에 안 되는 것을 누구를 탓하랴? 일하고 늦게 퇴근해 오면 연탄불은 늘 꺼져 있었고 번개탄으로 불을 살리고 나면 눈물이 나서 훌쩍거렸던 기억이있다. 가끔 그 남자가 일찍 오는 날이면 아끼바리 쌀을 씻어 밥을 지었다. 250만 원 2층 셋집에 살고 있을 때다. 난방 시스템, 에어컨 그런 것은 생각도 못 했을 때다. 한여름에는 얼마나 더운지, 화장품이 물같이 녹아 내리기도 했다. 여러 가지로 고달팠다.

 그 남자가 저녁을 해놓은 저녁이면 해방이 된 것 같아 없는 반찬이지만 꿀맛 같은 저녁을 먹기도 했다. 여름 어느 날 그 남자가 저녁을 해놓은 날이었다. 쌀벌레가 생겨 쌀을 버려야 했다. 남자가 그런 것을 어찌 눈치챌 수가 있을까. 그건 여자들만 아는 비밀 부호는 아닐까? 쌀 반 쌀벌레 반반이 들어간 밥이 한 솥 밥솥에 담겨있는 저녁이었다. 그 남자의 성의를 생각해서 먹어볼까 하다가는 도저히 먹을 수가 없었다. 볼이 부어올라 씩씩거리던 그 남자는 상관하지 말라 하며 그 밥을 다 먹어 치워버렸다. 몇 끼를 먹었는지 모르겠다. 눈치로만 알게 됐을 뿐이다. 미안했지만 어쩔 도리가 없었다. 애벌레 같은 새댁하고 곱던 그 남자 인상이 좋다며 슈퍼 아줌마가 우리 부부를 이뻐라 했다. 아파트 단지에 있는 슈퍼가 단골 슈퍼가 됐다. 애벌레 같던 우리 부부를 알뜰이 챙겨 주던 슈퍼 아주머니는 지금 어디에서 아직도 숨은 돈을 세고 있을까. 가끔은 생각의 언저리에 그리움으로 남는다.

 엄마의 49재를 지내고 오는 날이었다. 올케언니하고 어린 조카가 우리집을 먼저 들렀다 갔다. 엄마가 마지막으로 담가준 간장을 걸러야 하는 시간이 속절없이 흘렀다. 비실비실 엄마의 부재를 아직 마음으로 받아들이지 못한 나는 소리 없이 하루하루 견디던 그해 여름이었다 간장과 된장을 걸려 주려 언니가 왔던 것 같다. 어린 조카하고 언니가 앞뜰에 나가 있을 때이다. 느닷없는 조카의 목소리가 들렸다. 고모, 애벌레가 있어요! 아주 엄청난 것을 발견한 것처럼 조카의 목소리가 들떴다. 이젠 그것으로 엄마의 된장찌개의 맛은 끝났다. 엄마를 산에 버리고 오듯 된장을 버려야 했다. 아끼바리 쌀, 250만 원짜리 전셋집. 어찌 그리 딱하게 돌아가신 엄마, 모든 것이 파노라마처럼 지나갔다.

  엄마의 부재를 다시 기억하자 이젠 무엇인가 모든 것이 다 부질없는 짓 같았다. 엄청난 것을 발견한 것처럼 들뜬 목소리로 외치던 조카의 목소리가 허방으로 날아갔다. 왜 그 꼭짓점에서 애벌레가 부화돼 날아다니던 신혼집과 쌀벌레 밥을 먹던 그 남자가 생각나며 나의 멜랑콜리가 조용히 아주 조용히 숨죽여 붕붕 날아다닌다. 그 쌀자루 속에 있는 숨어서 부화할 벌레는 도대체 얼마나 있을까. 쌀벌레가 들어간 밥을 먹던 그 남자가 그리운 것은 아닐까?

원수연 | 『월간문학』 등단(2012년). 수상 : 대표에세이문학상, 부천신인문학상, 동서커피문학상. 대표에세이 문학회 회원.

추억의 입맛

전영구

도시에서 태어나 자란 이들은 잘 모르겠지만 다수의 시골 출신들은 정월 대보름이 다가오면 입가에 웃음을 짓는 추억을 떠올리며 고향 쪽 하늘의 달을 바라보며 추억에 젖을 때가 있다. 예전에는 대보름을 하나의 큰 명절처럼 지내왔다. 쌀, 보리, 밀, 조, 수수의 오곡과 아홉 가지의 나물을 무치고 하루 아홉 번의 식사를 했다. 짚으로 새끼를 꼴 땐 아홉 발, 물을 길으면 아홉 동이를 해야 하는 전통적 풍습이 있었다. 3을 길수로 여기는 조상의 미덕에 세 번을 더 한다는 뜻으로 아홉을 강조했다고 들은 기억이 있다. 누가 강요를 하지 않아도 자연스럽게 지키고 이어오던 우리나라만의 미풍양속이었다.

도시와 농촌의 거리가 좁혀지면서 시골은 많은 부분이 도시화 되었다. 때문일까? 지금은 사라지거나 희미하게 명맥을 이어가는 옛 풍습이 많이 사라진 듯하다. 그러나 대보름이 다가오면 부럼(부스럼)을 깨뜨린다고 하여 견과류를 까먹던 풍습은 아직도 이어지고 있다. 어린 시절 철도국에 근무하며 월급 생활을 하던 아버지께서 보름이 다가오면 퇴근을 하실 때 양손 가득 호두, 땅콩 등 부럼을 사 오셨다. 형과 누이들은 모여 앉아 하나라도 더 먹기 위한 방법으로 가위, 바위, 보를 하여 서로에게 뺏기고, 빼앗아 희비가 엇갈리는 재미로 밤을 지새웠다. 아침 일찍 잠에서 깨기 무섭게 호두, 땅콩 등을 깨물어 한해의 건강을 기원하던 소박한 즐거움이 있었다.

대보름 전날 밤이면 밥 훔쳐 먹기라는 풍습은 오랫동안 이어졌다. 시골에는 비교적 일찍 저녁 식사를 마치고 잠자리에 들기 전 얼마만큼의 오곡밥과 나물을 큰 가마솥에 넣어두었다. 밤이 깊으면 동네 형과 누나들이 삼삼오오 모여 큰 그릇을 들고 평소 인심 좋은 집을 골라 몰래 부엌으로 잠입해 적당량의 밥과 나물을 서리해 왔다. 몇 집을 돌며 모아온 밥을 참기름에 비벼 맛있게 먹으며 몰래 남의 집에 침입하던 무용담을 나누던 아주 흥미 있던 놀이였다. 겁이 많고 막내로 심한 보호 속에 자란 나는 그것이 꼭 하고 싶어 누나들에게 졸랐던 때가 있었다. 누나들은 내가 어떻게 하는지 보기 위해 그릇 하나를 주고 다녀오라며 대문까지 배웅을 하였는데 한참 후 대문 밖에서 훌쩍이는 소리가 들려 나가보니 밤길이 무서워 한 발짝도 나가지 못하고 울고만 있었다고 성인이 되어도 놀림거리가 되고는 했다. 지금은 밤늦게 남의 집에 몰래 침입했다면 대번에 절도죄로 잡혀가겠지만 그 시절 시골의 인심은 내 집, 뉘 집 자식 가리지 않고 하루를 재미있게 보낼 수 있도록 배려를 하는 차원으로 어느 정도 음식을 준비해 두고 있었던 것이다.

더 자란 다음 친구들과 의기투합해 만만한 집을 골라 오곡밥이며 각종 나물에 따끈한 동태국까지 큰 그릇에 담아 넣고 나오다 "어떤 놈들이야!"라는 장난 섞인 주인아저씨의 고함에 혼비백산하기도 했다. 훔친 음식까지 그 집 마루에 놓고 왔다가 잠시 후 다시 돌아가 사정을 하고 음식을 찾아왔던 일은 잊혀지지 않는다. 좀 전에 있었던 가슴 졸이던 일은 까마득히 잊고 맛있게 비벼 서로를 먹여주기도 하던 그 시절의 풍습은 귀한 추억이 아닐 수 없다. 아름답고 포근했던 풍습도 전기밥통의 등장과 함께 자연스럽게 사라졌고 너무나도 변해 버린 시대에 사는 지금의 내 아들에게 그 풍습을 설명하기란 쉽지 않았다. 왜요? 왜요?만 남발하며 이해가 안 된다는 듯 눈만 껌벅이니 말이다. 하긴 세 살 차이의 아내마저 도시 출신인지라 그런 풍습이 있었는지조차 모른다고 하며 남편이 재미있으라고 꾸며내는 얘기가 아닌가 하는 눈으로 바라보니 그저 안타까울 뿐이다.

먹거리가 지천인 지금의 아들 세대는 상상조차 할 수 없는 그 시절의 소박한 일이다. 사라져 희미해진 풍습을 다시 살릴 수는 없다 하여도 대보름이 오면 시연試演으로나마 이어졌으면 하는 바람도 해본다. 어쩌다가 쌀이 쌀 나무에서 나오는 줄 아는 아이들이 있다는 소리에 혀를 차는 안타까움이 있다. 그들은 그들만의 방식으로 자라나겠지만 지금은 우리의 아이들이 무미건조하게 컴퓨터 오락이나 하고 도서관에 파묻혀 살고 있는 현실이 너무나 삭막하다는 생각이 든다. 배려하고 아끼는 아름다운 정서, 사라져 소멸되고 있는 인정 어린 풍습을 회

복시키고 싶은 일은 나만의 욕심으로 남아 열무김치나 시장에서 사온 나물이 밥상에 오를 때면 아내에게 큰 그릇을 부탁해 밥 한 그릇을 넣고 들기름 붓고 고추장 두어 숟갈 넣어 쓱쓱 비벼 먹고는 한다. 이해할 수 없다는 표정을 지으면서도 한입을 부탁하는 식구들을 보면 예전 보름날에 훔친 밥으로 비빈 그 맛깔스런 맛을 보여주지 못하는 안타까움이 떠나질 않는다.

전영구 | 『월간문학』 수필 등단(2013년). 한국문인협회 감사 역임, 한국수필가협회 회원, 대표에세이문학회 회장, 경기한국시인협회 이사, 경기한국수필가협회 부회장, 수원시인협회 이사. 수상 : 한국수필 작가상, 대표에세이문학상, 수원문학인상, 백봉문학상, 경기한국수필 작품상. 저서 : 시집 『민낯』 외 6권, 수필집 『이따금』 외 1권.

오덕五德을 배운다

김기자

우리나라의 음식은 참 특별한 것들이 많다. 몇 가지 중에 기본을 들라 하면 된장이라 하겠다. 하루아침에 뚝딱 만들어내지도 못할뿐더러 긴 시간 동안 적당한 햇빛과 기온을 필요로 하면서 익어야 하는 음식이다. 발효되는 과정이 지나고 식탁에 오르기까지 정성을 들여야만 제대로의 맛을 볼 수 있다.

결혼 초부터 내 손으로 빚는 된장에 대한 애착이 생겨났다. 지금은 고인이시지만 그 방법을 가르쳐준 시댁 친척분에게 고마움을 잊지 못한다. 우스갯소리인지 몰라도 친정에서 장류를 갖다 먹는 일이 살림에 유익하지 않다고 듣던 참이었다. 그때부터 봄이면 된장 담는 일이 연례행사로 이어지고 있다.

어릴 때 장독대를 보았던 기억은 엄숙에 가까웠다. 크고 작은 항아리들, 그중에 가장 배가 불룩하고 커다란 항아리는 엄마가 신을 모시듯 관리를 하셨다. 그만큼 장독대 주변은 조심스러운 곳이었다. 햇볕이 쨍쨍한 날에는 어김없이 뚜껑이 열렸다. 빨간 고추와 까만 숯이 항아리 입구에서 하늘을 향하고 있는 상황은 무척 인상적이었다. 그즈음 마른 메주가 소금물을 머금고는 노르스름한 물로 변해가기 시작하면서 아! 바로 간장이 저렇게 만들어지는구나 하고 알았다. 지금 생각하니 된장과 간장을 담는 일은 그만큼 신성하고 커다란 행사였다. 그렇게 엄마의 세계에는 또 다른 인내와 기다림이 동반되고 있었다.

  뿌리 깊은 고유의 맛인 만큼 안 먹게 되면 향수처럼 그립다. 넉넉하게 보관하는 일은 왠지 부자인 기분마저 갖도록 한다. 이렇듯 식생활에서 빠질 수 없는 된장의 오랜 역사는 자랑하기에도 충분한 문화유산이 되어 있다. 단순한 조미료 그 이상을 넘어선 특별한 효능까지 지닌 된장의 역할이 놀랍기만 하다.

  된장은 마법의 음식이다. 콩으로 시작되는 기묘한 맛의 진행은 없어서는 안 될 먹거리 중에서도 커다란 부분을 차지한다. 민족정체성까지 따진다면 속속들이 설명할 수는 없다. 조상들께서 이렇게 훌륭한 음식을 만들어낸 지혜에 고개를 숙일 뿐이다. 만들고 먹기까지의 과정을 오덕五德에 비유하는 소리를 들으며 내 모습을 떠올려 보았다. 여러모로 부족한 덕의 소치로 사는 것 같아서다.

  된장의 속성을 새로이 인식한다. 없어도 안 될뿐더러 만드는 과정도 만만치 않기에 그렇다. 내 경우에는 전통적인 방법을 따르지 않고 사정상 편한 대로 한다. 듣는 사람이 혹시 고개를 저을지도 모를 일이다. 간장을 많이 쓰지 않기에 매번 된장만을 만들어낸다.

  소금은 항상 미리 사서 간수를 빼놓은 상태다. 집안의 시원하고 한적한 곳에 커다란 함지박을 준비하고는 물과 함께 고슬고슬한 소금을 푼다. 농도를 맞추어서 씻어 놓은 메주를 넣는다. 이때 소금물의 양이 중요하다. 며칠 지난 후에 들여다보면 메주가 소금물을 먹고서는 딱딱함에서 벗어나기 시작한다. 이때다 싶어 수시로 들락거리며 메주를 주무르다 보면 어느덧 흐물흐물 부서져서 된장으로 되기에 수월해지는 것을 알 수 있다.

이제 항아리로 옮기는 일만 남았다. 양이 많기에 독도 커야 한다. 이 방법은 간편하고 쉽다. 문제는 보관과 익어야 할 기다림의 차례다. 햇빛이 적당히 드는 곳을 택해 항아리를 자리 잡게 한 후 묽게 변한 메주를 차곡히 붓고는 뚜껑을 덮어 둔다. 질퍽한 정도는 몇 달 동안 햇볕을 쏘이고 나면 되직해지기 마련이다. 손아래 동서가 보더니 된장 담는 법 참 쉽네요, 하기에 웃음이 터져 나왔다. 그렇지만 내게도 모든 과정이 신중하게 진행되어야 한다.

구체적인 전통을 따르지는 않지만 늘 성공이다. 나름의 방식에 만족해한다. 가을이 시작될 무렵 뚜껑을 열고 속을 살짝 헤집으면 샛노란 된장의 형태를 볼 수 있다. 단맛과 함께이다. 그동안 항아리가 햇볕을 받아들이며 숨 쉰 결과이리라. 하지만 간장과 함께 만들어내는 된장과는 약간의 색상 차이가 있다. 해가 갈수록 많이 익으면 검은빛으로 변해간다고 해야 하나. 이렇게 해서 생긴 버릇은 신기할 만큼 나도 된장독만 보면 엄마처럼 사람 대하듯 다독인다는 사실이다.

다섯 가지 덕을 지녔다는 된장을 인격화하며 살펴본다. 첫째 단심, 어떤 음식과 섞이어도 고유한 맛을 잃지 않는다고 하니 그 말이 맞다. 흔들림 없는 사람과의 관계를 얘기하고 있다. 둘째 항심, 세월이 흘러도 변치 않고 오히려 깊은 맛을 허락한다. 오랜 친구의 우정과도 같은 모습이다. 셋째 무심, 각종 병을 유발하는 지방이 녹아내리도록 작용해 준다고 한다. 특성 성분이 해로운 것을 제거하는 장점 때문인가 보다. 넷째 선심, 매운맛과 독한 맛을 부드럽게 해 주는 유연함이 있어

조미료처럼 널리 쓰인다. 사람 사이에 불협화음을 조절해 주는 모양새가 아닐까 싶다. 다섯째 화심, 어떤 성분과 어울려도 조화를 이룬다는 유용성마저 있다. 된장이 이처럼 화합을 위한 방법으로 여길 만큼 필요한 음식이라고 하니 신기하다.

  된장의 속성을 닮고자 한다. 부족하지만 단심처럼 평생을 이어오는 고향 친구가 있다. 어디에 있든지 오랜만에 만나도 변함이 없어서 좋다. 그리고 항심처럼 언제나 그대로인 우정을 가지려 서로가 노력해 간다. 또 하나 무심의 상태인 욕심을 버리고서 홀가분하게 살고 싶다. 생이 길면 얼마나 길겠는가, 후회가 없기 위해서다. 또 하나 선심을 지니고 주변 사람들에게 그 영향력을 끼치려 애쓰고자 한다. 조금 손해 본들 서로의 유익이라면 괜찮게 여긴다. 이렇듯 조화로운 삶을 살려면 사람과의 관계인 화심에서 멀어지지 않도록 해야겠다. 깊은 맛을 내는 된장처럼 여러모로 그런 삶의 자세이면 얼마나 좋을까.

  죽을 때까지 배워도 모자라는 것이 삶의 지혜이다. 된장이 지닌 오덕의 뜻을 입안으로 들여서 우물거린다. 실언에 그치지 않고 나이 들수록 모든 행동을 조심하며 살아야겠다. 짭조름하면서도 달게 느껴지는 된장의 맛에 대해 매력을 느끼는 시간이다. 베란다에서 육중하게 자리한 된장독이 내 눈길을 붙들고 있다.

김기자 | 『월간문학』 수필 등단(2013년). 수상 : 대표에세이문학상. 저서 : 수필집 『초록 껍데기』 『시간의 그림자』.

누룽지의 시간

김영곤

밥알이 되고 싶니, 누룽지가 되고 싶니? 다르게 질문해 볼까. 현재 네 자신은 밥알이라고 생각하니, 아니면 누룽지니? 난 이렇게 생각해. 밥솥이라는 세계에 던져진 이상, 밥알이든 누룽지든 다 좋다고. 어차피 우리의 삶은 밥알이었다가 누룽지였다가를 반복하는 시간의 수레바퀴 아닐까.

대부분은 윤기 있고 풍요로운 밥알로서 존재하고 싶을 거야. 허기진 자에게 자신의 가치를 재빨리 인정받으니까. 누룽지는 어떨까. 그는 별을 잊어버린 최후의 인간처럼 눈만 깜박거리며, 맨 마지막까지 남아 바닥에 바싹 눌어붙어 있지. 스스로 제 몸을 일으킬 수 없는 무기력의 자세처럼 보일 거야.

그렇다면 이것은 신의 형벌일까. 결단코 아니란다. 이것은 나의 숭고한 의지야. 이것은 퇴락이 아니라 새로운 존재의 향기를 우려내는, 고유한 단독자로서의 무한한 가능성 그 자체야. 니체도 말했지. 인간은 극복되어야 할 어떤 것이라고.

사실 나도 오랫동안 찰진 밥알을 동경했지. 그러나 시간의 아궁이에

타오르는 고난과 시련이라는 이름의 장작불을 오래 견디다 보니, 어느새 내 마음의 골격이 굵어지고 있었어. 눌릴수록 더 단단해져야 했어. 왜냐고? 바로 우리 가족의 정다운 밥상이 부러지지 않게 하기 위해서야. 너희들 만큼은 넉넉한 밥알로 존재할 수 있도록 내가 밑바닥에서 너희들을 떠받치고 있을 거야. 안쪽에 있든지 바깥에 있든지 말이야.

난 이제 불길에 마음껏 그을려도 뿌듯하고 좋아. 바다에서 강도 높은 노동을 하고 있을 때도 중간중간마다 누룽지 같은 미소가 흘러나와 내 표정을 펴주곤 하지.

가끔씩 너희들이 사막의 소용돌이에 휩싸여 세상의 모든 허기에 주려있을 때, 언제든지 내게로 와서 쓰러져도 좋아. 그리고 마음껏 먹으렴. 끝까지 버틴 자의 향기가 충만하게 우러나는 누룽지 한 그릇을. 나는 언제든지 철통같은 황금빛 곳간을 허물고 구수한 사랑으로 스며들 준비가 되어 있어. 이것이 바로 존재의 완성 단계란 걸 이제야 난 어렴풋이 알아가고 있어.

김영곤 | 농민신문 신춘문예 등단(2025년).『월간문학』수필 등단(2014년). 수상 : 국제문학상, 대표에세이문학상, 배재문학상, 경북일보 문학대전 동상. 저서 : 산문집『밤이 별빛에 마음을 쬔다』『상자의 중력』, 시집『둥근 바깥』『존재의 중력』. 연재『천안신문』(삶의 지평을 여는 글).

할머니의 손맛

전현주

  찬 바람이 불면 할머니가 해 주시던 명태 식해가 생각난다. 어려서는 자주 먹었지만, 지금은 그 맛만 어렴풋이 기억날 뿐이다. 할머니가 돌아가시고 나서는 한 번도 못 먹었으니 어느새 꽤 오랜 시간이 지났다. 마지막 기억은 내가 전라도에 잠깐 살 때였는데 둘째를 가져 입덧이 심했던 시기였다. 그때 할머니가 오셔서 열흘 정도 머물며 만들어 주었던 식해가 마지막이었다. 잊은 듯 지내다가도 문득 어떤 날에는 곁에 두고 못 먹는 것처럼 너무 간절할 때가 있다. 진즉에 할머니의 음식을 배워 놨어야 했는데…. 그때는 먹고 싶다고 말만 하면 언제든지 뚝딱 만들어 주실 줄 알았다. 영원히 우리 곁에 계실 줄로만 알았다.

  아버지의 고향은 강원도 양양이다. 나는 그곳에서 네다섯 살까지 살다가 서울 근교로 이주했다. 양양이 38도선 이북이다 보니 어려서부터 자연스럽게 북한 음식과 닮은 식해를 자주 먹었다. 강원도 음식은 거의 조리법이 복잡하지 않고 화려한 장식이나 양념 없이 소박하여 자연의 맛 그대로를 먹는 경우가 많다. 맛이 우직하다고나 할까. 또 바다가 가까이에 있어 해산물이 풍부하지만, 해물 역시 복잡한 요리 과정 없이 식탁에 올리는 경우가 많다. 산이 많고 척박하다 보니 음식에도 사람들의 고단함이 스며서일까.

  할머니의 음식도 강원도를 닮았다. 강원도 하면 떠오르는 단어가 감자이듯이 특히 감자 요리가 많았다. 밀가루를 전혀 넣지 않고 만드는 감자전은 쫄깃하면서도 담백하여 할머니 곁에 앉아 한없이 받아먹었다. 그때는 몽당숟가락으로 감자의 껍질을 까서 강판에 갈아 만들었는데, 간 감자는 살짝 체에 건져 놓고 잠시 후 아래에 고인 물을 조심히 따라 내면 바닥에 하얗게 가라앉은 뽀득뽀득한 감자 전분이 나온다. 이 녹말이 쫄깃함의 비법이다. 조리법은 간단하지만 쫀득하면서도 감자의 거친 입자가 씹히는 느낌이 좋아 자꾸 먹게 된다. 하지만 요즘은 기계로 쉽게 갈아 만들어서인지 예전의 맛이 느껴지지 않아 아쉽다. 또 썩힌 감자녹말로 감자떡도 잘 만들어 주었는데 맛도 맛이지만 떡 양면에 네손가락 자국이 그대로 찍히게 꼭꼭 눌러 만드는 특징이 있다. 할머니는 송편도 그렇게 납작하게 만들었기 때문에 사춘기 때는 반달처럼 생긴 서울 송편으로 만들어 달라고 졸랐던 기억도 난다.

  요즘 한과라고 부르는 과질은 지금껏 할머니가 만든 것보다 맛있는 것을 먹어보지 못했다. 특히 직접 짠 들기름으로 무친 나물 반찬은 도망갔던 입맛도 돌아오게 하는 특별한 맛이 있었다. 언젠가 내가 아무 연락도 없이 할머니를 찾아갔을 때 할머니는 나에게 이유를 묻기보다 서둘러 뜰로 나가 삼잎국화 나물을 뜯어 따뜻한 밥상을 차려 주셨다.

가끔 할머니가 끓여주던 빡짝장도 먹고 싶다. 빡짝장은 강원도식 강된장으로 강원도 사람들은 오래전부터 된장의 일종인 막장을 즐겨 담가 장을 끓여 먹었다고 한다. 강된장은 흔한 음식이지만 뚝배기에 막장을 넣고 기호에 맞게 재료를 넣어 끓이는 빡짱장은 제맛을 만나기가 쉽지 않다. 우선 제일 중요한 재료인 막장이 있어야 하는데 파는 막장은 할머니의 막장과는 왠지 맛이 다르고 조리법을 구해보려고 이곳저곳을 뒤져봐도 할머니 것과 같은 맛을 찾을 수가 없다. 어린 시절이어서 맛있었던 것인지 할머니가 그리워서 할머니의 손맛을 찾아 헤매는 것인지는 잘 모르겠지만 문득문득 아련하게 그 시절의 맛이 떠오른다. 아쉽게도 이름과 재료를 모르는 음식도 많은데 그 독특한 맛이 이 세상에서 영원히 사라져 버린다면 얼마나 안타까울까.

모든 음식과 재료를 판다는 마켓 ○○를 검색해보니 속초식 명태초무침이 나온다. 상세 보기를 살펴보자 무생채, 밥, 엿기름 그리고 명태를 넣어 만들던 할머니 표 식해와는 전혀 다른 음식이다. 다른 곳을 더 뒤져서 아쉬운 대로 조밥에 엿기름을 넣어 삭혀 만들었다는 속초식 명태식해를 주문했다. 배송을 기다리는 이틀이 일주일처럼 느껴졌다. 드디어 개봉하여 맛을 보는 순간, 기대했던 맛과는 너무도 달라 얼굴이 찌푸려졌다.

궁하면 통한다고 했던가. 며칠 전 강릉에 살고 계신 막내 작은어머니와 우연히 통화한 후 번쩍하고 뇌리를 스치는 생각이 있었다. 작은어머니는 본래 강원도 태생이고 새댁 시절에 할머니와 함께 살았던 적도 있었기에 어쩌면 할머니의 요리법을 잘 알고 계실 것 같았다. 드디어 한 줄기 빛이 보였다. 나처럼 할머니의 음식을 찾아 헤매는 여동생과 함께 조만간 강릉으로 달려가려 한다. 더 늦기 전에 그리운 할머니의 손맛을 찬찬히 배워 볼 참이다.

전현주 | 『월간문학』 수필 등단(2015년). 저서 : 수필집 공저 『짧지만 긴 이야기』 『골목길의 고백』 『나에게로 온 날들』 외. 한국문인협회, 음성문인협회, 음성수필가협회, 대표에세이 문학회 회원. E-mail : ambuin99@naver.com

육십, 삶이 내게 준 황홀한 선물

김정순

 빗소리에 눈을 떴다. 창문을 열자, 빗줄기가 고르게 내렸다. 마음이 덜컥 가라앉았다. 오늘은 무려 사오십 명의 밥을 집에서 지어내기로 한 날. 가마솥에 장작불을 지펴 끓여야 하는 닭볶음탕이 문제였다. 화덕에 비가림막이 없는데 이 비에 어쩌나, 음식량이 많아 집안에서 끓일 수도 없고. 하늘을 자꾸 올려다봤다. 시계가 새벽 다섯 시를 알렸다.

 애당초 사오십 명의 식사를 준비하는 게 내겐 무리한 도전이었다. 그래서 발품을 팔아 식당을 알아보고, 예약까지 마쳤던 터였다. 50여 명이 한자리에 모일 만한 곳은 흔치 않았고, 마음에 드는 곳은 메뉴가 아쉬웠다. 어렵게 식당을 정하고 손님들에게 장소와 시간을 알린 뒤였다. 그런데 교회 식당에서 우연히 맛본 묵은지닭볶음탕이 내 마음을 송두리째 흔들었다. 별로 배가 고프지 않았는데도 몇 끼 굶은 사람처럼 먹은 뒤 만드는 법을 물어봤다. 생각보다 간단했다. '이거다! 한

번 시도해 보자.' 하는 마음이 불현듯 솟구쳤다. 예약했던 음식보다 맛도 좋고, 장소도 집이 나은데 굳이 식당을 고집할 이유가 없지 않은가. 그렇게 '할 수 없다'라던 마음은 '할 수 있다'라는 확신으로 변했다. 평소 열 명 이내의 식사 준비도 부담스러워하던 내가, 담차게 네 배가 넘는 인원을 감당하려 한 것이다.

닭볶음탕만으로 잔치를 채울 수는 없는 법. 몇 가지 음식이 더해졌고 열흘 전부터 어제 마트에서 장을 볼 때까지 메뉴가 수없이 뒤바뀌었다. 하나의 메뉴를 정하고 나면 또 다른 메뉴가 떠올라 마음을 들쑤셨다. 무엇보다도 '50명'이라는 숫자가 주는 부담감은 중요한 시험을 앞둔 것처럼 가슴을 초조함으로 울렁이게 했다.

다행히 오후가 되자 빗줄기가 가늘어지더니 하늘이 맑게 개었다. 장작이 젖어 눅눅했지만, 닭볶음탕을 끓이는 데엔 그다지 지장이 없었다. 끓는 물에 데친 닭에다 묵은지, 감자, 양파, 간장, 고추장, 고춧가루, 생강, 마늘, 매실액을 넣고 버무린 뒤, 은근한 불에 푹 고아 냈다. 개운하면서도 구수한 맛이 일품이었다.

콩밥, 쑥개떡, 팥시루떡, 포기김치, 고들빼기김치, 고추김치, 달걀 굴파전, 연근 부침, 시래기 볶음, 굴 무생채, 케일 쌈, 그리고 귤과 감까지 갖추어 놓으니, 잔칫집이 따로 없었다.

거실과 식당에 밥상을 차렸다. 사오십 명이 한곳에 앉기엔 비좁았고 자리 배치를 하느라 애를 먹었다. 오후 다섯 시부터 손님들을 맞았다. 차려진 음식은 각자가 알아서 덜어다 먹었고, 닭볶음탕은 식지 않도록 사람들이 올 때마다 퍼다 드렸다. 나는 밥 먹을 새도 없이 옷깃에 바람이 일도록 사람들 사이를 종종걸음쳤다. 이날 식사 자리에 오신 분은 40명이었다. 아쉽게 참석하지 못한 몇 분에겐 따로 음식을 싸 보내드림으로 마음을 전했다.

　손님들이 떠난 뒤, 대충 정리하고 나니 안도감과 함께 뿌듯함이 몰려왔다. 마흔 명의 밥을 혼자 해냈다는 것이 믿어지지 않았다. 저녁을 먹지 않는데도 배가 고프지 않았고, 고단한데도 몸이 가뿐했고 마음은 사뭇 청량했다. 젊어서도 엄두 내지 못했던 일을, 육십 나이에 해내다니. "잘했어, 대단해." 그동안 밤잠을 설치며 애쓴 나를 칭찬해 줬다.

　어릴 적, 큰오빠는 몸이 약해 빌빌대는 나를 보고 '생기다 말았다'며 놀려대곤 하였다. 서른 해 넘게 지병으로 골골대며 살아왔다. 내 한 몸 지탱하는 것도 버거웠던 날들이었다. 요즘도 좀 무리하면 피곤을 이기지 못하고 드러눕곤 하지만, 20대 때보다 더 건강하고 활기 넘치는 나를 느낀다. 나는 내가 이렇게 오래, 이렇게 활기차게 살 줄은 몰랐다. 나 같은 약골이 40명이 넘는 사람의 밥상을 차리다니! 삶이 내게 준 황홀한 선물로 감사와 기쁨이 충만했다. 별 것 아닌 것 같은 이 일이 다음을 열어주는 창이 될 것 같은 예감에 가슴이 마구 뛰었다.

김정순 | 『월간문학』 등단(2015년). 대표에세이 회원. 양평문인협회 회원.

파란 망고

신순희

망고 한 상자를 샀다. 제철이 지나선지 여섯 개 모두 파랗다. 돌덩이같이 단단한 감촉에 퉁명스러운 외모가 만만치 않은 인상이다. 이걸 언제 익혀 먹나 싶지만 잊고 있으면 어느새 먹을 만해지겠지. 반은 파랗고 반은 노랗게 변해가는 두 개 말고 나머지는 모두 새파랗다. 이제부터 기다리는 일만 남았다.

망고는 처음엔 짙은 초록이지만 차츰 노랗게 변하다 붉어지면 알맞게 익은 것이다. 자꾸 보이는 망고 저게 언제 익나, 성급한 마음에 반쯤 노란 걸 깎았더니 역시 떫다. 전자레인지에 살짝 익히면 맛있단 말이 생각나 해보니 잼 같다. 차라리 설익은 게 낫지 이 맛은 아니다. 눈에 띄지 않게 구석에 두어야겠다. 존재를 잊으려면 눈에서 멀어져야 한다니까. 열대작물인데 지금처럼 쌀쌀한 날씨에 언제 빨갛게 변할까. 꾸물거리는 회색 하늘 아래 햇빛이 보이지 않는 시애틀의 나날이다. 조금 시간이 걸리겠다.

느긋한 망고는 여전히 파란 껍질이 풋내를 풍긴다. 설익은 과일에

칼을 들이대면 잘 들어가지 않는다. 매끈하고 부드럽게 껍질이 벗겨지면 잘 익은 것이다. 속살이 연해야 껍질이 칼을 허락한다. 은근히 먹기 까다롭다. 달콤하게 향긋하게 숙성하려면 인내가 필요하다.

참 나는 참을성이 없다. 반은 파랗고 반은 노란 망고를 또다시 집어 들었다. 칼이 들어가는 느낌이 퍽퍽하니 이번에도 실패다. 덜 익은 건 먹지도 못하고 둬서 익힐 수도 없다. 그러게 왜 건드려 상처만 남기느냔 말이다. 풋과일을 쳐다보고 있으면 익을 것처럼, 구석에 있는 망고 상자를 노려보고 있다. 모든 일에는 때가 있다는데, 내 의지대로 조정하고 싶은건가 아니면 이기심의 발동인가. 내버려두어라.

오늘 나는 또다시 남은 망고를 뒤적인다. 이게 언제 익어서 먹으냐며 아직도 파란 망고 하나를 만져보다 흠칫 놀란다. 아니 이거 물렁물렁한데, 곯기 직전같이 물컹거리네. 껍질이 이렇게 파란데 익었다고? 손끝에서 껍질이 유연하게 벗겨진다. 잘 익은 샛노란 속살을 보여주는 망고는 벌써 준비되어 있었는데, 몰랐다. 그동안 색으로만 확인하고 보이는 것만 믿었다. 망고는 말한다. 눈으로만 단정하지 마라, 손으로 만져보고 느껴라.

기다림에는 적절한 때가 있는 법. 무작정 기다린다고 되는 게 아닌 걸. 너무 늦어도 너무 빨라도 인 되는 것. 나무에서 떨어져나온 결실의 열매지만 아직도 성숙 중이다. 생명의 씨가 중심에 있다. 자주 눈길을 주고 손길을 주어야 한다. 살아있는 모든 것은 관심 받고 싶어 한다. 망고씨를 보면 안다. 얼마나 큰 기대를 세상에 품고 있는지.

예상이 빗나갔다. 어렵고 힘든 일도 시간이 지나면 어떻게든 해결되고야 만다고 생각했지만, 때론 기다리지 않아도 해결된다는 사실을. 원한다고 이뤄지는 것이 아니다. 내가 한 일은 잘 익은 망고를 먹고 싶어서, 기다리기 지루해 색깔을 살피다 실망하고 내버려둔 것뿐이다. 겉모습만 보고 속단하면 안 된다. 성숙한 색이 꼭 붉은 것은 아니다. 성숙한 파랑도 있다. 때론 연륜보다 참신한 생각이 시대를 앞서가는 것처럼.

기다리다 지치지 않게 파랗게 익었다. 파란 망고 너 참 속이 깊구나.

신순희 | 『월간문학』 수필 등단(2015년). 시애틀 거주. 수상 : 뿌리문학상(2010), 재미수필 신인상(2012). 미주한국문인협회, 재미수필문학가협회 회원.

그리움을 맛보다

박규리

딩동동!~ 벨 소리가 들렸다. 현관문을 열자 눈에 익은 종이 가방이 보였다. 적갈색 플라스틱 뚜껑을 열자 금방 만든 듯 열기가 느껴졌다. 죽 속에 들어 있는 몽글몽글한 새알심이 고개를 살짝 내밀었다. 군침이 돌았다.

아침에 눈을 떴을 때 머리가 무겁고 온몸이 아팠다. 눈을 제대로 뜰 수 없을 정도였다. 주방에 나가 따뜻한 물 한 잔을 마시고 소파에 앉았다. 날씨가 우중충했다. 비 소식은 없었지만 곧 비가 올 것 같았다. 집안일은 잠시 뒤로 미루고 아침 운동을 했다. 상태가 호전되지는 않았지만 더 나빠지지도 않았다. 녹차를 한 잔 마시고, 한 시간 후 커피도 마셨다. 식욕이 없어 아침을 굶었다. 그런데 팥죽 생각은 간절했다.

팥죽을 질릴 정도로 자주 먹었다. 어머니는 동지가 아니더라도 팥죽을 자주 쑤었다. 그럴 때면 어김없이 전화를 했다. 한두 번은 상냥하게 받았지만 잦은 전화에 결국 짜증을 냈다. 순순히 대답하지 않고 마지못해 뿌루퉁히 말을 했다. 그런 후엔 마음이 쓰여 시골로 가는 날도 있었지만, 알 수 없는 답답함이 가슴속에 쌓이고 쌓였다. 그렇게 점점 어머니와 멀어졌던 것 같다.

　나는 어머니를 많이 닮았다. 눈매를 쏙 뺐고 특히 식습관이 비슷했다. 밥을 할 때 감자를 넣는다거나, 팥죽을 좋아하는 거였다. 어머니는 팥죽을 좋아해 자주 쑤셨다. 한 평 남짓한 부엌에는 진한 팥 냄새가 진동했고, 가스레인지 위 큰 냄비에서 죽이 보글보글 끓고 있었다. 가족들은 그 자리에서 따뜻한 팥죽을 동치미와 함께 먹었다. 나는 군침이 돌았지만 먹지 않았다. 어머니는 죽 냄비를 주방 뒷문을 열고 밖에 내놓았다. 시간이 지나면 팥죽은 차가워질 것이다. 차갑게 식은 팥죽은 별미였다. 따뜻할 때 먹는 것보다 한 김 식었을 때 먹으면 그야말로 꿀맛이었다. 그런 식성까지 서로 닮았다.

　소파에 앉아 휴대전화를 보았다. 먹방에서는 매번 새로운 음식이 나오고, 맛집 얘기가 쏟아진다. 유튜버가 음식을 참 맛있게 먹는다. 그는 식당과 시장을 다니며 음식을 맛있게 많이 먹는다. 매번 먹는 음식의 종류가 다르다. 그러나 시장 먹방을 하는 날은 꼭 먹는 게 있다. 바로 팥 도넛이다. 자칭 '팥친놈'이라고 하니 얼마나 팥을 좋아하는지 알만하다. 그 모습을 보면 나도 모르게 군침이 돌았다.

　어느 날, 'NEW 배지를 획득했어요!'라는 메시지가 왔다. 앱을 터치해 보니 실버 배지를 획득했단다. 익숙한 화면, 당장이라도 배달 버튼을 누르고 싶어진다. 자세히 보니 쿠폰도 한 장 생겼는데, 3,000원 할인 쿠폰이 어서 주문을 하라고 유혹했다. 메인 페이지로 넘어와 전통

죽을 눌렀다. 잣죽, 단호박죽, 흑임자죽, 녹두죽이 있었지만, 내가 찾는 것은 동지팥죽이다. 김이 모락모락 나는 뜨끈한 팥죽 한 그릇, 뭉근하게 끓여내어 팥 본연의 풍미를 살린 깊은 맛, 어떤 죽과도 비교가 안 될 만큼 맛있다. 속이 불편해서 시키는 경우는 거의 없고, 몸과 마음에서 팥이 당기는 날 먹는다.

19세기 프랑스의 문화비평가인 브리야 사바랭이 선언했듯이, '음식은 곧 당신이다'라는 말이 실감 난다. 팥죽은 평소에 자주 먹지 않는 별식이지만, 나에겐 보약이나 다름없었다. 기력이 허할 때 먹으면 몸이 한결 좋아지고 마음도 편안해지는 것이다. 어머니는 수시로 보약을 만들어 주셨다. 내 목소리가 지쳐 보일 때, 감기라도 걸리는 날에는 어김없이 그랬다. 그건 음식이기보다 어머니의 따뜻한 위로였고 사랑이었다.

시골집에서 가족을 만나 소박한 이야기가 오갔다. 세 자매가 모였을 때다. 어린 시절 어머니가 해주시던 음식 이야기를 했다. 처음엔 어머니의 손맛에 대해, 뒤로 갈수록 팥죽 이야기로 이어졌다. 따뜻할 때 호호 불어 먹는 게 좋은 언니와, 식어서 팥죽 위에 이불처럼 막이 생겼을 때 먹는 것을 좋아하는 동생, 차갑게 식어 찹찹한 맛을 좋아하는 나, 팥죽을 두고 자매는 식성이 달랐다. 어머니는 어떤 팥죽을 좋아하셨을까. 한 번도 물어본 적이 없었다.

다른 것은 필요 없다. 차갑게 식은 팥죽 한 그릇과 김치만 있으면 진수성찬이다. 일 년에 몇 번을 먹었던 팥죽, 지금은 근처 시장이나 죽집에 가면 쉽게 먹을 수 있는 음식이지만 맛이 달랐다. 새알심의 모양이나 크기가 달랐고 농도도 달랐다. 더 중요한 건 어머니의 손맛이 배어 있지 않았다. 그리고 이제는 어머니가 끓여주는 팥죽을 먹을 수 없다는 것이다. 자극적인 음식은 쉽게 물렸다. 그런 맛의 즐거움은 짧았다. 그 뒤에는 늘 그리운 맛이 생각났다.

　팥죽은 도통 질리는 법이 없다. 1년 내내 먹어도 왜 이렇게 맛있는 걸까. 어제 먹었는데 오늘도 내일도 먹고 싶다. 김이 솔솔 나는 죽을 한 숟가락 떠서 입으로 가져갔다. 익숙한 맛과 냄새가 온몸을 감쌌고, 가슴 깊은 곳에서 어머니의 향기가 나는 것 같았다. 오래전 추억의 장면이 무장 해제된 것처럼 밀려왔다. 내가 진정으로 원하는 맛이 무엇인지, 그리워하는 사람이 누구인지 알게 되는 순간이다.

박규리 | 『월간문학』 수필 등단(2016년). 경북 청송 출생. 저서 : 수필집 『뜸』. 한국문인협회, 대표에세이 문학회, 울산문인협회, 에세이울산문학회 회원. 타로 리더.

손국시 한 그릇이 제일이지

김순남

고향집 부엌에 들어서면 한쪽에 단지 두 개가 사이좋게 놓여 있었다. 형제처럼 키 차이가 조금 나는 단지에는 밀가루와 콩가루가 담겨 있었다. 콩가루가 들어간 국수는 더 구수하고 면발도 좋았다.

우리 집은 국수를 즐겨 먹었다. 작은고모는 해 넘어갈 무렵이면 늘 마루에 앉아 국수 반죽을 했다. 고모가 두 손에 힘을 모아 오래 치댄 반죽은 잘 어우러져 보기에도 말랑말랑해 보였다. 반죽을 안반에 놓고 홍두깨로 밀면 처음엔 접시만 하던 반죽이 고모가 홍두깨질을 한 번 두 번 거듭하여 펼치면 쟁반처럼 커지는 게 재미있었다. 나중에는 두레 밥상만큼 넓어져 홍두깨가 넘쳐나고 깔아놓은 국수용 누런 종이 장판이 가득하게 고모는 마술을 부려놓곤 했다.

부모님은 밀 농사도 지으셨다. 친구 집에 가서 놀다 보면 친구 어머니도 가끔 국수를 밀고 있었다. 신기하게도 우리 집 국수 반죽 색깔과 달랐다. 비교가 안 될 만큼 희고 고왔다. 그야말로 국수 반죽이 아기

볼처럼 보드랍고 예쁘게 보였다. 때깔이 좋으면 내용물이나 성분도 좋게 느껴졌다. 가을에 심은 밀은 긴 겨울을 견디고 봄이 되면 파릇파릇 새싹이 자라 푸른 물결을 이루었다. 초여름이면 누런 밀을 베어 타작했다. 아버지는 수확한 밀을 방앗간으로 지고 가서서 곱게 빻아와 단지에 밀가루를 가득 채워 놓으셨다.

  앞산에 곱게 물들었던 나무들이 겨울 채비할 무렵이었다. 어머니가 읍내에 있는 국숫집에 가셔서 기계국수를 뽑아 오시고 오래지 않아 바깥마당에 고모 초례청이 차려졌다. 이웃과 일가친척들이 모이고 잔치 분위기에 온 집안이 떠들썩하였다. 부엌에서는 이웃 아주머니들까지 모여 부침개를 부치고 무쇠솥에 국수를 삶아 내느라 분주했다. 동그란 기계국수를 삶아 고명을 올리고 육수를 부어 손님상에 차려냈다. 떡, 부침개 등 잔치 음식과 함께 차려진 국수는 인기가 좋았다. 왁자하게 잔치가 끝나고 고모는 시댁으로 떠났다. 어릴 때부터 밭일하는 엄마와 할머니 대신 고모는 두 삼촌과 나를 돌보아 주었다. 놀다가 저지레라도 하게 되면 고모가 우리 대신 할아버지 꾸중을 감내해야 했다. 우리 옆에 언제고 있던 고모, 마루에서 늘 국수를 밀던 고모가 동그란 기계국수의 새로운 맛을 남기고 시집을 가셨다.

  이듬해 같이 살던 작은엄마도 살림을 나가셨다. 이제 국수를 밀 사람은 밭일하고 어둑어둑해져서 집에 오시는 어머니뿐이었다. 저녁 짓기에 늘 바빠 종종걸음치셨다. 어느 날 엄마를 기다리다 국수 반죽을 해 보았다. 늘 보아오던 일이지만 안반이나 홍두깨도 다루기 어려울

만큼 가녀린 몸으로 반죽을 치대고 국수를 민다는 게 만만치 않았다. "서당 개 삼 년이면 풍월을 읊는다더니 애가 국수를 다 해놔?" 할머니, 어머니는 놀라워하셨다. 폭풍 같은 어른들의 칭찬에 초등학교 육 학년 여름방학 그해부터 저녁이면 종종 칼국수를 밀어야 했다.

"엄마, 오늘 저녁은 국수 말고 밥해 먹으면 안 돼?". 볼멘 소릴 하면 어머니는 "할아버지가 국수를 좋아하시잖아. 국수는 김치하고 양념간장만 있으면 되는데 밥하려면 국이나 찌개도 끓여야 하고…" 어머니는 첫째 이유가 할아버지가 국수를 좋아하신다는 점을 강조하셨다. 선택의 여지가 없이 우리 집 저녁상은 십중팔구는 국수였다. 밀가루라도 친구네처럼 새하야면 좋겠는데 농사지은 밀가루는 누르스름하며 연한 갈색을 띠었다. 국수 반죽을 할 때마다 밀가루가 마음에 들지 않아 혼자 투덜댔다. 종종 객식구 한 명쯤은 밥상에 같이 앉게 되는데 그런 날이면 왠지 그 국수가 까무잡잡하고 촌스러운 내 모습 같아 창피하기까지 했다.

거의 매일 저녁마다 먹는 국수가 싫었다. 아침이나 점심처럼 잡곡이 많이 섞이기는 했어도 밥을 먹고 싶었다. 삼촌들도 말은 안 하지만 좋아하지는 않는 것 같았다. 그 무렵 이종사촌 오빠가 우리 집에서 중학교에 다니고 있었다. 오빠 또한 드러내놓고 내색은 못 하지만 마뜩잖을 것이라 짐작했다. 이제 와서 국수를 못 한다고 생떼를 쓸 나이도 아니고 진퇴양난이었다.

이게 무슨 일일까. 우리 집 저녁상에 한동안 국수가 아닌 밥이 차려졌다. 처음엔 마냥 신났다. 국수 반죽하고 미는 일에서 해방되고 저녁밥 짓는 어머니 옆에서 잔심부름 정도 하면 되니 좋았다. 국수를 좋아하시는 할아버지가 감기를 지독하게 앓고 기운을 못 차리시어 국수도 밥도 제대로 드시지 못하셨다. 할아버지의 병환으로 온 집안에 어두움이 드리워졌다. 저녁이면 마루에 겸상 두 개, 큰 두레반과 다리가 있는 쟁반까지 여러 개 밥상에 가족들이 둘러앉아 하루 일들을 이야기하며 후루룩후루룩 국수를 먹던 날들하고 집안 온도가 달랐다.

그해 겨울은 유난히 춥고 길었다. 아버지는 먼 동네까지 수소문해 오리를 구해오시고 어머니는 폐에 좋다는 온갖 약재를 넣어 삶고 때로는 쪄서 할아버지 상에 올려드렸다. 할아버지가 몸에 깃든 병을 이겨내고 기력을 회복하시는 데는 계절이 넉넉히 두 번은 바뀐 후였다. 그동안 할아버지 상에는 밥을 올리고 다른 식구들은 국수를 먹는 날도 종종 있었다. 어느 날 할아버지는 "나도 오늘은 국시 한 그릇 다오" 하시더니 국수 한 그릇을 다 드셨다. "손국시 한 그릇이 제일이지" 하셨다. 그 후 예전처럼 저녁상에 국수가 당연시되었다.

산촌에서 끓이는 국수는 담백하다. 멸치나 바지락이 들어간 육수를 구경하지 못하였으니 국수 국물에 감자 몇 개 썰어 넣고 애호박 하나 채 쳐서 넣으면 그만이다. 김치야 사시사철 텃밭에 나는 푸성귀로 겉절이를 버무리고 양념간장엔 봄이면 텃밭에 마늘잎 몇 잎 뜯어다 쫑쫑 썰어 넣고 여름엔 풋고추 다져 넣으면 국수 맛은 배가 된다.

할아버지도 국수가 정말 좋으셨을까. 그 시절 이웃에서는 끼니를 잇지 못하는 집들도 있었으며 학교에 점심 도시락을 못 가져오는 친구들도 있을 때이다. 할아버지와 어머니가 굳건히 저녁 한 끼를 국수로 밀어붙이지 않았다면 식구가 많은 우리 집에서 양식 걱정하지 않고 도시락을 꼬박꼬박 가지고 학교에 다닐 수 있었을까.

삼촌들이나 동생들과 만나면 옛이야기를 하게 된다. 자연스레 국수 이야기는 양념처럼 빠지지 않는다. 그 시절엔 그토록 싫었던 국수가 지금은 담백하고 소박한 맛이라 좋다 한다. 마루 가득 가족들이 옹기종기 앉아 국수를 먹던 저녁 풍경이 그리운 날이다.

김순남 | 『월간문학』 수필 등단(2016년). 수상 : 제8회 경북문화체험전국수필대전, 15회 충북여성문학상, 제19회 대표에세이문학상. 저서 : 수필집 『호미씻이』. 한국문인협회, 대표에세이 문학회, 목우수필문학회, 제천문학회, 충북수필문학회 회원. E-mail : ksn8404@hanmail.net

씀바귀

최종

용두동 오칠식당에는 씀바귀가 유명하다. 불판 위 고기가 익을 때쯤이면 어김없이 식당 주인 할머니가 다가온다. 얼굴에 비해 머리칼이 유난히 검은 할머니는 상추 위에 씀바귀 한 움큼을 얹어 놓으면서 한마디 건넨다.

"상추 쌈에 씀바귀가 빠지면 제맛이 아니지유."

할머니는 쓴맛을 몸으로 표현하는 듯 윗입술을 코끝에 올려붙이고 온 얼굴을 찡그리며 말한다. 너무 써서 쓴맛 이외 무슨 맛이 더 있겠느냐 싶지만, 꾹 참고 오래 씹으면 떨떠름하면서도 쌉싸래한 맛이 일품이란다.

어젯밤에는 친구 정박과 단둘이 번개 만남을 가졌다. 우리들이 만나는 시간은 언제나 점심시간이었다. 한데, 가뭄 끝에 단비가 쭈룩쭈룩 내리던 어제 오후, 친구는 착 가라앉은 목소리로 만나자는 전화를 했다. 친구의 단골 식당인 오칠에서 저녁을 함께하기로 약속했다.

식당 할머니는 오랜만에 나타난 우리를 보고 아주 반가운 표정으로 말을 건넸다.

"불로초를 잡수셨나, 옛날 그대로네유."

입에 발린 소리를 하는 할머니는 가늘고 긴 목이 눈에 확 띄게 야위었다. 석 달 만에 보는데 3년이 더 지난 것처럼 늙어 보였다.

비는 더욱 세차게 내리고 있었다. 일찍 식사를 끝낸 사람들이 나가고 식당에 남은 이는 몇 명 되지 않았다. 우리는 천천히 구운 고기에 씀바귀를 넣은 상추쌈을 하였다. 역시 씀바귀는 입맛을 돋우는 음식임에 틀림없었다.

쓴맛에 얼마나 익숙하느냐 하는 것은 자신의 신체 나이를 가늠하는 잣대가 되는 것 같다. 젊었을 때는 쓴 약 같은 씀바귀를 왜 먹느냐고 했었다. 요즘처럼 밥맛이 떨어지고 온몸이 나른할 때 쓰디쓴 씀바귀 나물을 한입 씹으면 입안에 침이 가득 고이면서 정신이 번쩍 든다. 몸의 세포들이 비상이 걸린 것 같다.

비가 내리는 이 밤 친구가 나를 부른 것은 무슨 곡절이 있어서가 아니다. 만나 서로 얼굴을 보면 그것으로 좋은 것이었다. 말을 하지 않아도 우리는 안다. 그는 몹시 술이 필요한 얼굴로 소주잔을 앞에 놓았을 뿐, 우리는 반병도 마시지 않았다.

그는 본래 말주변이 없지만 오늘따라 입을 꼭 다물고 있었다. 우리는 적막을 좋아하지 않지만 말수를 줄이면서 안으로만 잦아드는 자신의 목소리를 듣는 데 열중했다. 무엇인가 우리에게서 빛의 속도로 씽씽 빠져나가고 있다고, 바짝 마른 그의 이마가 말해주고 있는 것 같았다.

할머니가 슬쩍슬쩍 우리를 훔쳐보면서 주위를 두어 번 왔다 갔다 했다. 이윽고 친구 옆에 가만히 앉았다. 드디어 씀바귀 강의가 시작되나 싶었는데, 할머니는 남한산성에 씀바귀가 많다고, 아껴둔 이야기를 조금씩 흘리기만 했다.

어렸을 적 남한산성에서 살았다고 했다. 아버지가 도회를 떠나 산성에 집을 짓자 어디서 씀바귀 씨가 날아왔는지 앞마당이 씀바귀 천지가 되었다는 것이다. 씀바귀 부자가 되었다고 호호탕탕 웃었던 아버지 밥상에는 씀바귀를 빼놓은 적 없었다.

할머니가 쓰디쓴 씀바귀 맛을 알았을 때는 그렇게도 씀바귀나물을 좋아하던 아버지는 이승에 없었다. 말을 하다 말고 창밖을 바라보는 할머니는 더 이상 말을 이어가지 않았다.

할머니는 비 오는 이 밤에 아버지를 말하고 싶었을까. 비 내리는 산성의 밤이 기억났을까. 할머니의 아버지 이야기가 어찌어찌하여 씀바귀에 연결되는지, 깊은 내용은 알 수 없다. 어떤 말은 반복하면서 또 무슨 말인지 하다 끊겨서 도무지 이야기의 줄거리를 잡기 어려웠다.

우리의 일상은 조용하다. 어떤 현상의 변화나 무슨 까닭이 있어야 즐거울 수도, 설렐 수도 있고 혹은 화가 나거나 서럽기라도 하지 않겠는가. 꼭 집어 구체적으로 말할 수 있는 것은 아무것도 없다. 무늬 없는 하루하루가 너무 지겹다. 비라도 쏟아져야 했다.

비 오는 창밖을 바라보던 친구가 나에게 전화를 건 것도, 마감 시간이 되어가는 식당에서 할머니가 산성의 빗소리를 기억하는 것도, 지루하던 일상에 갑자기 내린 빗줄기에서 비롯된 것은 아닐까. 무료와 나태에 찌든 하루보다는 폭풍 몰아치는 순간에 더 매력을 느끼게 되는 것이다. 돌이켜 생각해 보면, 거칠고 괴로웠던 세월이야말로 우리에게 보다 활력을 불어넣어 준 시간이었던 것 같다.

상추에 씀바귀 이파리 하나 넣어 먹는 맛이 얼마나 환상적이냐고, 아내에게 씀바귀 타령을 해봤다. 아내는 요즘 가게에서도 씀바귀 찾기가 어렵다고 한다. 씀바귀는 젊은 사람들이 별로 좋아하지 않고 결국 사람들 입맛에서 멀어져가고 있다. 씀바귀 맛을 즐기기 어려운 세태가 어쩐지 서글프다.

최 종 | 『월간문학』 수필 등단(2016년). 저서 : 수필집 『깨갱』 『온종일 비』 『위대한 등짝』. E-mail : cteng31@hanmail.net

쓴맛 단맛 기억의 맛   신미선

　타지에서 직장을 다니는 아들이 주말에 내려왔다. 하룻밤을 자고 올라가는 길, 객지 생활의 고단함에 혹여 끼니라도 놓치고 다니는 건 아닌지 싶어 새벽부터 이것저것 밑반찬을 준비했다. 오이가 제철이니 부추를 듬뿍 넣어 소박이를 담그고 냉장고에 묵혀 두었던 멸치를 꺼냈다. 프라이팬에 살짝 덖어 낸 멸치는 그냥 먹어도 담백하니 그 맛이 깊다. 그러나 매콤한 맛을 좋아하는 아이의 취향을 고려해 고추장으로 옷을 덧입히고 통깨를 살짝 뿌렸더니 또 다른 맛의 반찬이 되었다.

　떠나는 아이 손에 반찬 꾸러미를 내민다. 순간 녀석은 밥을 거의 밖에서 먹는다며 나의 수고로움을 거부한다. 가져가 봐야 먹지 않으니 안 가져가겠단다. 상처다. 자식 손에 들려 보낼 즐거움에 아침 내내 흥얼거리며 종종대던 나의 시간은 어디에서 그 의미를 찾아낼까. 한사코 밑반찬을 밀어내며 떠난 녀석의 뒷모습을 바라보고 있자니 서운함이 쉴 새 없이 몰려온다.

오래전 어느 여름이었다. 초등학교 저학년 때였던가! 담장 하나를 사이에 둔 옆집으로 누군가 이사를 왔다. 몇 달 전부터 못 보던 인부들이 들며 나며 망치를 두들기고 페인트 통을 들어 나르더니 어느새 그림 같은 집이 되었다. 이런 예쁜 집엔 누가 살게 될까? 항상 예의주시하던 때 드디어 주인이 이삿짐을 싣고 나타났다. 우리 부모님보다는 한층 젊어 보이는 부부, 양 갈래로 땋아 내린 검은 머리 위로 반짝반짝 빛이 나는 내 또래의 여자애 한 명, 아직 학교는 다니지 않을 것 같은 어린 남자아이까지 모두 네 명이었다.

그날 저녁 엄마는 옆집 식구들을 불러 우리 집 마당에서 국수를 대접했다. 손으로 치댄 밀가루 반죽을 안반 위에 놓고 홍두깨로 민 냉국수였다. 이에 아버지가 밭에서 갓 따온 옥수수와 폭신폭신 분이 많은 감자만 골라 쪄서 낸 저녁상, 늘 먹던 반찬의 소박한 상차림이었다. 다행히 옆집 사람들은 소탈해 보였다. 멍석 깔린 마당에 주저 없이 앉아 국수 한 그릇을 뚝딱 비워냈다. 이후 아버지는 사이좋은 사촌을 얻었고 나는 먼 거리 학교길에 심심하지 않을 동행 한 명이 생겼다.

며칠 후 이른 아침, 함께 학교에 가기 위해 옆집 친구네에 들렀다. 마침 친구는 마루에 앉아 엄마와 함께 아침을 먹고 있었다. 자연히 밥상에 눈이 갔다. 치즈와 달걀프라이가 들어간 네모난 샌드위치, 흰 우유가 우아하게 놓여 있었다. 분명 아침을 먹고 나왔는데 왠지 모를 이 헛헛함은 무엇일까. 오늘 아침 엄마가 차려준 갓 지은 뜨끈한 밥 한 그릇과 호박 된장국, 두부조림에 가지나물과 감자볶음이 올려진 밥상을 비우고 나왔는데….

그날 저녁부터 엄마에게 떼를 썼다. 나도 밥 대신 샌드위치를 먹고 싶다고 했다. 직접 깨소금과 참기름을 발라 연탄불에 석쇠로 구워낸 김구이가 상위에 올라와도 눈길 한 번 주지 않았다. 감자를 직접 갈아 부추와 홍고추를 섞어 감자전을 부쳐 기름 냄새로 유혹해도 먹는 흉내만 내다가 젓가락을 놓곤 했다. 오로지 샌드위치였다. 단식투쟁에 가까운 음식 투정이 여러 날 계속되자 엄마는 할 수 없었던지 읍내 시장엘 나가셨다. 시내버스를 타고 반 시간은 족히 나가야만 하는 식료품점에서 식빵 한 봉지를 사 들고 오시면서 그날 엄마는 무슨 생각을 하셨을까?

돌아보니 그 시절, 엄마의 요리는 언제나 진심이었다. 옆집 친구네 엄마처럼 눈으로 보여지는 화려한 신식 음식보다는 마당 텃밭에서 나오는 채소를 이용한 건강식을 해 주셨다. 가족들 생일엔 늘 따뜻한 밥에 쇠고기미역국을 끓이고 운동회 날이면 단무지 대신 짠지를 넣은 김밥을 싸고 달걀을 삶아 학교에 오셨다. 한 번도 학교 도시락을 거른 적이 없으셨다. 호르몬의 영향 탓인지 그때 그 시절, 엄마의 손맛이 문득문득 나의 살을 헤집고 들어온다.

 밖에서 사 먹는 음식이 오죽할까 싶어 새벽부터 동분서주했던 나의 요리는 지금 온통 쓴맛이다. 그날 저녁, 없는 샌드위치를 만들어 내라고 땅바닥에 드러누웠을 때 엄마의 기분도 분명 쓸쓸함이었을 테지. 그 맛을 깨닫는 데 반세기의 세월이 걸렸다. 이 녀석은 내가 오늘 느낀 쓴맛을 알아채는 데에 그리 오랜 시간이 소요되지 않기를….

 오늘은 엄마를 스승 삼아 옆에 앉혀두고 점심상을 차린다. 애호박을 썰어 수제비를 끓일 참이다. '비가 오면 애호박을 채 썰어 끓인 국수가 최고지.' 나의 도마질에 조용히 읊조리며 기억으로 음식을 만드는 엄마. 맹물에 간장만 넣어도 엄마의 음식은 늘 깊은 단맛이었다. 이제 더는 볼 수 없는 엄마만의 맛! 당신의 생 끝자락이 쇠한 기력을 부여잡고 비 내리는 창가에서 소리 없이 흘러간다. 시절이 어려우니 애면글면 어떻게든 자식들 굶기지 않으려 뛰어다녔다는 혼잣말이 오감으로 온다.

신미선 | 『월간문학』 수필 등단(2017년). 저서 : 수필집 『눈물의 무게』. 한국문인협회, 음성문인협회, 음성수필문학회, 대표에세이 문학회 회원. E-mail : shinms24@hanmail.net

거지탕

조명숙

　절에서 합동 차례를 지내고 내려왔다. 식사 준비를 하려는데, 찬이 될 만한 게 아무것도 없었다. 사정을 알고 있는 남편이 '거지탕'이 생각난다며 구시렁거렸다. 나도 허전한 마음을 채워줄 무언가가 먹고 싶었다. 남편이 언젠가 맛본 적이 있다며 '털레기 수제비'를 떠올렸다. '털레기'라는 말에 호기심이 당겨 남편을 따라나섰다.

　털레기란 경기도 북부 지역, 고양, 김포, 포천 등지의 향토 음식이다. '온갖 재료를 털털 털어 넣어 끓인다.'하여 털레기란 이름이 붙었다. 또 '남김없이 싹싹 비운다'는 뜻도 있다. 개울에서 잡은 미꾸라지나 자잘한 민물고기를 기본으로 각자 집에서 가져온 애호박, 고추, 감자, 들깻잎 등을 털어 넣고 끓이던 천렵국에서 비롯되었다. 과거 고기가 귀하던 시절에 가을걷이 후, 마을 사람들이 모여 노인들을 대접하기 위한 음식이었다.

기대 섞인 설렘으로 받아 든 음식은 '털레기 수제비'였다. 뚝배기에 담긴 털레기 위로 김이 모락모락 피어올랐다. 된장을 푼 국물의 구수한 냄새에 군침이 돌고 수제비와 갖가지 채소들이 넉넉히 어우러져서 보는 것만으로 입맛이 다셔졌다. 게다가 여기서는 수제비 반죽을 직접 주무른다니, 얇고 쫄깃한 식감이 한층 더 맛있어 보였다.

국자 끝으로 거품을 살짝 걷어내고 국물을 한 숟갈 맛보았다. 구수한 된장의 깊은 맛, 건새우가 푸짐하게 들어간 특유의 달큰함, 얼갈이배추의 시원함이 고루 어울렸다. 팍신한 감자와 단맛 머금은 호박, 아삭하고 쫄깃한 팽이버섯까지 국물 속에 살뜰히 스몄다. 매콤한 고추와 대파가 칼칼한 숨을 더하고, 얇게 뜬 수제비가 포근히 떠돌았다. '털레기 수제비'에서 전해지는 따뜻한 손맛이 고스란히 우러나, 우리 가족이 좋아하던 거지탕 맛이 났다.

어머니는 남은 음식으로 '거지탕'을 끓이라고 하셨다. 거지탕은 여러 가지 먹다 남은 음식을 섞어 끓이는 탕인데, 처음에는 낯선 이름이 마치 거지가 먹는 잡탕이나 꿀꿀이죽 같아 돌아보지도 않았다. 하지만 명절이나 기일이 지나고 나면, 음식이 많이 남아 거지탕을 끓이기 시작했다. 탕을 끓이면 음식이 깔끔하게 정리되었고, 가족이 하나같이 맛있게 먹는 모습을 바라보면 '화합의 탕' 같아 바라보는 내내 흐뭇했다.

어릴 적엔 귀염을 받으며 음식을 맛있게 먹으면 되는 줄 알았다. 맏며느리가 되고 보니 그게 아니었다. 모두가 부담 없이 먹을 수 있도록 음식의 종류와 양을 조절하는 게 중요했다. '먹고 남아야 한다'는 어머니 뜻에 따라 음식을 넉넉하게 준비했지만, 남은 음식 앞에서는 마음이 무거웠다. 시댁에서는 음식을 절대 버리지 않았다. 그 의미는 풍요에 대한 믿음이며 남은 음식 하나하나에도 감사한 마음을 가져야 한다는 무언의 가르침이었다.

시댁에서는 차례상, 제상이 연이었다. 상차림은 보통 흰쌀밥, 탕국, 삼색나물, 돼지고기 수육, 쇠고기 산적, 조기, 동태전, 오색꼬치전, 두부전, 동그랑땡, 빈대떡 등 산해진미가 푸짐하게 올랐다. 상에 오른 음식들은 각자 제맛을 냈다. 입안에서 살살 녹는 소고기 산적, 짭조름하고 연한 조기, 겉은 바삭하고 속은 촉촉한 두부전, 두부의 미세한 입자가 다진 채소를 감싼 부드러운 동그랑땡, 달걀옷으로 비릿한 맛을 잡고, 고소함이 풍부해진 동태전, 소고기의 쫄깃함, 햄의 짭짤함, 단무지의 아삭함, 맛살의 부드러움, 깻잎의 향긋함이 조화를 이룬 오색꼬치전, 겉은 노릇하고 속은 담백한 빈대떡….

각자 특별한 맛을 내던 걸 모두 섞어 탕을 끓이면 새로운 맛이 났다. 마치 시댁의 삼 형제가 큰일에 모여 어울리는 모습과 같았다. 맏이라고 무게 잡고 앉아 말로 일하는 내 남편, 눈치 빠르고 손재주가 뛰어나 고장 난 TV나 가전제품은 다 끌어안는 큰 시동생, 집 안 구석구석 다니며 힘든 일, 궂은일을 묵묵히 도맡는 막내 시동생. 이렇게 성향이 다른 형제가 동시에 절하고 밥 먹고 한 잔 기울이는 모습을 보면 다른 듯 닮았다. 각자 성질은 다르지만 섞이면 색다른 맛을 내는 거지탕 같았다.

거지탕은 뚝배기에 끓인다. 오지그릇에 끓여야 맛이 살아난다. 레시피는, 야채 육수나 멸치 육수를 뚝배기에 담고 된장을 푼다. 팔팔 끓을 때 잘 붇지 않는 재료부터 넣고, 마지막에 빈대떡 꽁다리를 넣는다. 국물이 자작자작해지면 파, 마늘, 고춧가루를 넣고 양념한다. 청양고추로 국물의 매운맛을 더해주면 칼칼한 국물이 속을 개운하게 해 준다. 그 위에 달걀을 얹어 반숙으로 익히면 완성이다. 서로 가지고 있던 특유의 맛이 시너지 효과를 낸 독특한 맛이다.

털레기는 또 다른 형태의 거지탕이다. 남은 음식들을 큰 뚝배기에 탈탈 털어 넣고 끓이는 게 그렇고, 시원하고, 칼칼한 맛, 무엇보다 느끼한 속을 잡아주는 게 같다. 지난날 거지탕을 먹으며 안주로 최고라고 너털웃음을 호탕하게 터뜨리며 술잔을 기울이던 남정네들, 국물이 칼칼해서 느글느글한 속을 다스린다던 집안 아낙들의 얼굴이 스치고 지나간다.

추억 한 스푼 그리움 두 스푼을 입에 넣는다. '털레기 수제비'가 거지탕처럼 뒤를 깔끔하게 정리하고 모두의 마음을 쓰다듬으며, 쓸쓸한 하루에 작은 위로가 되는 음식이길 바라며 식당을 나섰다.

조명숙 | 『월간문학』 수필 등단(2017년). 저서 : 수필집 『토란꽃』, 공저 『나에게로 온 날들』 『나는 □이다』 『生, 푸른 불빛』 외 다수. 한국문인협회, 대표에세이 문학회 회원. 수상: 대표에세이 문학상, 청송객주문학대전외 다수.

비앙드 드 그리종
Viande des Grisons

백선욱

샤모니Chamonix에 도착한 시간은 초저녁. 기차역을 나서자, 오래된 영화 세트장 안으로 들어선 듯한 기분에 사로잡혔다. 눈으로 하얗게 잠겨 있는 마을. 인형의 집 같은 건물들은 반쯤 몸을 드러낸 채 조용히 숨 쉬고 있다. 통나무 외벽에 달린 창에는 주황빛 등이 하나씩 켜져 있고, 1990년 2월의 마지막 밤이 깊어지고 있었다.

더블 에스프레소로 여행의 노고를 달래며 메뉴를 뒤적였다. 작은 사진이 눈길을 끈다. '비앙드 드 그리종viande des Grisons.' 스위스 그리종 지방 방식의 소고기라는 뜻이라고 한다. 프랑스 땅 안에 있으면서도 스위스의 기운을 머금은 샤모니의 속성이 고스란히 느껴지는 말이다. 이름만으로도 이국의 공기와 시간이 배어 있는 듯했다. 그렇다면 내일, 도전해 보기로 하지.

그날 밤은 샤모니 중심가의 작은 호텔에 묵었다. 통나무로 정갈하게 지어진 건물이었고, 실내는 짙은 잣나무 향으로 가득했다. 침대에 누워 창밖을 보니, 어둠과 눈이 겹쳐진 하늘이 조용히 내려앉고 있었다.

세상 어디에도 속하지 않은 밤. 말없이 내리는 눈발을 바라본다. 나는 그때야 비로소 이곳의 이방인이라는 사실을 실감한다. 시간을 잊은 밤이 지나간다.

   평소엔 먹지도 않던 아침 식사를 했다. 호텔 조식으로 나온 크루아상 하나와 오렌지 주스를 간단히 입에 넣었다. 움직일 준비를 위한 의식 같은 식사였지만, 고소하고 바삭한 크루아상과 신선한 주스는 겨울 날씨에 과분할 정도로 입에 착 붙는다. 잠시 후 케이블카를 타고 산 위로 향했다. 몽블랑Mont Blanc의 정상을 향하여. 워낙 높은 지역을 향하는 코스라서 중간에서 한 번 갈아타야 했다. 정상을 가려면 한 번에 가는 협궤열차Tram도 있었지만, 조금이라도 공중에서 눈 쌓인 알프스를 내려다보며 가고 싶었다.

   해발 4,808미터. '하얀 산'이라는 이름 그대로, 몽블랑은 서유럽의 지붕이자 알프스의 여왕이라 불리는 산이다. 어머니의 품처럼 너그러워 보이지만, 그 안엔 광활한 침묵과 위험이 숨어 있다. 올라갈수록 눈은 더 희어졌고, 공기는 더 얇아졌다. 말수는 줄고, 생각은 깊어졌다. 공기의 밀도마저 시간이 압축된 듯 느껴졌다. 어느 순간 양쪽 고막에 강한 압력이 느껴진다. 급히 코를 막고 힘차게 숨을 불어 기압에 적응해 본다.

   케이블카를 바꿔타는 중간역에서 한 무리의 청년들을 만났다. 내 또래 혹은 그 아래 정도의 쾌활한 청년들은 너나 할 것 없이 등에 배낭과 스키를 메고 있다. 상기된 붉은 뺨에는 들뜬 열정이 보인다. 눈인사로 친근감을 나누었다. 신기하게도 여행 중에는 모두가 쉽게 이웃이 된다. 정신없이 바깥 경치에 넋을 놓고 있는데 케이블카가 부드럽게 멈춘다.

마침내, 나는 몽블랑의 정상에 섰다. 사방이 눈의 절벽이었고, 바람은 살을 깎듯 불어왔다. 구름은 먼발치 아래에서 유영 중이다. 그 사이로 마터호른과 융프라우가 저 멀리 뾰족하게 솟아 있다. 평평한 길을 따라가면 독일 국경의 융프라우로 넘어갈 수 있다고 한다. 청년들이 손 인사를 하고 서둘러 앞으로 나아간다. 누구도 주변을 돌아보지 않았고, 뒤를 걱정하지도 않는다. 그 당당한 뒷모습이 유독 오래 눈에 남는다. 다시 주변을 바라본 순간, 말이 사라졌다. 어떤 사진 속 장엄함도, 다큐멘터리의 웅대함도 비할 바가 아니다. 오직 눈앞의 실재와 대면한 나. 젊은 패기로 온 세상을 이길 수 있을 것 같던 교만한 마음이 한순간에 부서졌다. 나는 너무나 작았다. 그저 요란한 키치Kitsch일 따름이었다.

한참을 그렇게 서 있었다. 갑자기 불어온 눈이 섞인 바람에 몸을 한 차례 떨었을 때였다. 멀리 건너편 산자락을 타고 알록달록한 작은 점들이 내려온다. 스키를 타는 사람들이다. 그들은 아무도 밟지 않은 설원을 거침없이 활강하고 있다. 그러다 설벽 끝에서 멈추지 않고 그대로 공중에 내던져지는 것이 아닌가. 순간, 내 심장이 얼어붙었다. 떨어진다. 그런데. 하얀 허공에서 선명한 색색의 낙하산들이 꽃처럼 하나둘 피어난다. 그 모습은 그대로 자유 자체다. 같은 세대를 사는 젊은이로서 나는 그들이 정말 부러웠다. 절벽 끝에서 날아오르는 젊음. 어떤 기분일까.

　수만 가지 감정이 북받친 채 천천히 샤모니로 내려왔다. 허기가 느껴지지 않을 정도로 감흥에 젖어 있다가, 그래도 뭔가 먹어야 할 것 같아 작은 식당에 들어갔다. 그래, 비앙드 드 그리종. 잠시 후 나의 최애 맥주 쾨니히 필스너König Pilsener와 함께 주문한 음식이 나왔다. 짙은 나무 플레이트 위에 반투명하게 저민 비앙드 드 그리종 슬라이스가 반달 모양으로 놓여 있고, 가운데에는 루콜라와 베이비 채소 약간, 그 위로 파슬리잎 하나가 포인트처럼 올려있다. 옆에는 바게트 몇 조각과 잘게 썬 코르니숑도 따라 나왔다. 돌돌 말려있는 모양이 얼마나 얇은지를 가늠하게 한다. 비아드 드 그리종은 스위스식 저장 소고기다. 얇게 저민 소고기를 겨울의 만년설 속에 묻었다가, 봄이 되어야 꺼내 먹는다고 한다. 시간을 통째로 저민 음식. 고기 위엔 아직 녹지 않은 얼음 결정이 희미한 윤기로 맺혀 있었다.

　한 점을 입안에 넣는 순간, 폭죽이 터진다. 모든 것이 되살아난다. 낙하산이 꽃처럼 피어나고, 절벽 아래로 끝없이 펼쳐진 설원을 나는 듯 활강한다. 그리고 마주한 침묵의 설산과 겸허함. 내가 한없이 작아진 그 순간, 젊음의 웅지가 다시 깨어난다. 그 모든 감정이 눈사태처럼 밀려 내려온다. 얼음 끼의 여운이 남은 입안에는 짠맛도, 고소한 맛도 아닌 시간의 맛을 머금은 알프스가 있었다.

　어쩌면 그날은 무엇을 먹어도 맛있었을 것이다. 하지만 그 한 접시에 담긴 것은 단순한 음식이 아니다. 내 인생의 각인된 문장 하나처럼,

고요하게, 그러나 깊이 기억에 남았다. 그날 나는 세상에서 가장 높은 자리에서 가장 깊이 자신을 내려놓았고, 그렇게 가벼워진 마음으로 처음으로 진짜 '맛'을 느꼈다.

 그것이, 내 인생일미, 비앙드 드 그리종.

백선욱 | 『월간문학』 수필 등단(2017년). 수상 : 서울문화재단 예술창작활동지원 문학공모 당선(2021년), 대표에세이문학상(2024년). 저서 : 수필집 『매직아워』 외 공저 다수. 한국문인협회, 대표에세이 문학회, 한국수필문학가협회, 문학동인 〈글풀〉, 〈창〉 회원.

그 눈빛의 흔적

이재천

 가야 할까? 포기할까? 결단을 내리지 못한 채 갈등과 싸움 중이다. 이제 코 앞으로 다가왔다. 오늘 밤이 기로의 마지노선이다. 진즉 몸 상태를 알려주고 일정을 취소하는 조치가 먼저인데, 미련한 과욕이 작용한 것 같다. 삼 개월 전에 예정했던 외유인지라 내심 기대하고 있었다. 아무래도 소심한 나로 인해 가족 건강이 염려되고 심각해질 수도 있어 아집을 접었다.

 올해 7월은 유난히 무덥고 장맛비도 무던하던 초여름의 민낯이었다. 연일 높은 수은주 덕에 솟아나는 열에너지와 높은 습도로 인해 전신의 기화열도 한계치를 보였다. 샤워실 문지방을 들랑거리고 차가운 음식을 찾다 보니 몸의 불균형이 심해졌다. 사실 심술궂은 날씨보다는 나이 탓을 하지 않을 수 없다. 법적 노인의 문턱에 들어선 지 얼마 되지 않았다. 현실 연령을 스스로 인정하기 어려웠지만, 후유증은 생활 속에서 서서히 하나둘 파고들어 증상으로 발현되고 있었다. 지난해 겨울 혹독한 추위 속에서도 만나지 않았던 독감이 여름을 타고

기어이 내 몸을 찾아왔다. 벌써 열흘이나 지났지만 심한 독감과의 사투는 평행을 유지하던 중이었다. 주변에서는 노인성 폐렴이 무서우니 입원도 하라는 권유가 많았다. 그보다는 바이러스성 감기라 전염이 염려되었다. 특히 어린 손녀와 동행하는 여행인지라 더더욱 신경이 쓰였다. 내내 미루다가 여행 출발하기 이틀 전에야 가지 못할 것 같다고 통보하였다.

태평양 한가운데 있는 열대 섬이었다. 해안가를 따라 길게 뻗어있는 유선형 백사장과 곧게 펼쳐진 담청색 바다가 뭉게구름 거느린 파란 하늘을 경계 삼고 있다. 탁 트인 전망과 열대성 나무들로 즐비한 이국적 섬의 경치들이 내가 환자라는 걸 망각하게 해주는 데 충분하였다. 잘 갖추어진 휴양과 위락시설이 태평양 외딴섬을 힘들게 찾아온 부실한 노부의 마음을 사로잡았다.

여행 취소로 인한 금전적 손해가 만만치 않았고 아들 내외의 설득과 권유로 일정을 강행하기로 하였다. 아들 가족과 해외여행은 난생 처음이기도 하였고, 또 이런 기회가 얼마나 있을까도 번복한 사유였다. 코로나 시기보다 더 중무장하고 긴장하면서 동선을 신경 썼다. 첫날은 몸 상태가 최악이었고 이국적인 음식들도 입맛이 당기지 않았다. 비싼 호텔 뷔페 음식을 앞에 두고 젓가락질이 가지 않는다는 건 욕심 과한 베이비붐 노인 세대의 본전 생각 투정만은 아니었다. 감기 바이러스가 요동치는 한 먹는 즐거움은 진즉 물 건너갔다.

   현지 음식으로 삼 일을 지내다 보니 한국 음식이 생각나기도 하던 때였다. 네 시간 반이나 비행기로 날아왔는데, 먼 이역 땅에서 만나리라고는 전혀 예상하지 않았다. 상호가 청담으로 아마도 한국교포가 운영하는 곳이리라. 시내 이곳저곳에 종종 한국어 간판들이 보였다. 접시들이 차곡차곡 식탁에 놓이고 익숙한 음식과 냄새들이 코끝을 자극하였다. 허한 위장이 먼저 반응을 일으켰다. 나도 모르게 애들 앞에서 체통 없이 접시를 향해 반사적으로 젓가락이 나갔다. 그 접시가 강렬한 엑센트로 다가왔기 때문이었다.

   모양새뿐만 아니라 풍겨오는 냄새가 익숙하다. 입안에 침샘이 고인다. 피자를 닮은 생김새로 타원이다. 내 고향 냄새가 가득한 부침개였다. 이역만리 건너와서 먹는 부침개는 어떤 맛일까 기대가 앞선다. 묵은김치와 반숙한 밀가루의 단순한 재료이고 간식거리에 불과하다. 요즘 젊은이에게는 그다지 친숙하지 않은 김치전이다. 반숙된 밀가루와 묶은 김치가 기름 불판에 달구어져 만들어 낸 부침개다. 짭짤하고 맵고 김치의 사각거리는 맛이 전부다.

   여름 장맛비 철이면 매콤하고 칼칼한 맛이 더 그리워진다. 맛을 잃어버려 입안이 텁텁할 때도, 마음이 답답하고 삶이 힘들어질 때도 먹고 싶어진다. 무엇이 먹고 싶냐고 물을 때마다 일 순위로 부르는 간식이다. 반백 년 이상을 살아오면서 먹어도 먹어도 질리지 않는 친근한 음식이다. 같이 살던 사람이 궁금해서 묻는다. 막상 해주면 많이 먹지도 않는데 찾는 이유가 무엇이냐? 무슨 사연이 있냐? 그에 대답은 한 번도 한 적이 없다. 내 가슴 깊은 곳에 묻혀있는 냄새이고 지워지지 않는 흔적이다. 당신의 눈빛이 삭혀진 묶은 김치처럼 한올 한올 스며들어 달구어진 간식이기 때문이다. 손자가 투정 부리고 심술부리면 소매를 걷고 땀 훔치면서 부쳐 주던 부침개였다. 솔 전이나 배추전도 해주었지만, 짭짤한 김치전이 가장 기억에 남는다.

동네 시장에서 셋방살이할 무렵은 힘든 시절이었다. 무더운 여름날, 초등학교 3학년 손자가 학교 가기 싫다고 막무가내로 울고불고할 때, 달래느라 다 큰 손자를 업고서 시장통을 왔다 갔다 하였다. 당시 할머니는 눈깔사탕 하나도 사줄 수 없을 정도로 가난하였다. 손자의 생떼가 멈추지 않자, 부침개 장사하는 아줌마에게 사정사정해서 전 하나를 얻어 먹였다. 이마에 흐르는 땀을 훔치며 절절한 눈빛으로 외상을 간청했었다. 이후에 갚았는지는 잘 모르겠다.

벌써 접시가 비어가고 있었다. 아들은 한번 젓가락이 오더니 더는 관심을 보이지 않았다. 옛 맛이 아니었지만, 빈 그릇의 흔적과 여백이 애틋하게 다가선다. 아마도 내 나이만큼 당신 나이였을 텐데, 이 손자는 시장에서 먹었던 그 전이 먹고 싶어 평생을 허기져 살아왔는지도 모르겠다. 내내 살면서 먹어도 먹어도 채워지지 않았다. 당신의 철없는 손자를 향한 그 눈빛을 아직도 갚지 못한 죄스러움이 많이 남아있다.

 먼 타지에서 몸도 좋지 않았지만 작은 접시 하나가 나를 찾아와 위로함을 주고 있었다. 가장으로 살면서 가족들에게 다해주지 못한 마음의 빚 만지고 살아왔다. 어려운 여건 속에서 여행 동행에 마음 써준 아들 내외에게 또 빚을 진 것 같다. 더 늦기 전 어떤 역할을 해주어야 하나 고민을 많이 해야 할 것 같다. 식탁 앞에서 며느리가 잘게 썰어준 갈비 고기를 맛있게 먹고 있는 손녀의 얼굴이 해맑다.

이재천 | 『월간문학』 수필 등단(2018년). 한국문인협회, 대표에세이 문학회, 아람수필문학, 표현문학회 회원. E-mail : chon411@naver.com

그리움을 씹다

신삼숙

사촌 오빠에게서 전화가 왔다. 내 글이 군민 회보에 실려 기꺼운 마음에 건 전화였다. 무엇보다 오빠의 목소리가 우렁차 보여 반가웠다. 오빠는 나와 띠동갑으로 요즘 건강이 안 좋다는 소식이 들려 걱정하던 차였다.

우리는 자연히 옛날이야기로 돌아갔다. 초등학교 시절 오빠랑 같이 안성 가던 이야기하다 할머니 찹쌀떡 이야기로 흘러갔다.

방학만 되면 나는 서울 할머니 댁으로 올라왔고 내려가는 길에는 오빠가 동행해 주었다. 당시는 그 모든 게 당연한 줄 알았으며 오빠에게 곤란할 수도 있었겠다는 생각은 어른이 되어서 할 수 있었다.

할머니, 할아버지 품이 좋았고 친절한 오빠들과 함께 보내는 게 그저 그만이었다. 집 생각은 나지 않았고 하루하루가 즐거웠다.

집으로 돌아가는 날 잠결에 어슴푸레 들리는 소리가 있다. 날이 채 밝기도 전, 어둑한 새벽에 '쿵 쿵' 절굿공이를 내려치는 소리였다. 할머니는 나에게 들려 보낼 찹쌀떡을 만들기 위해 찹쌀을 찧고 있었다. 그 찹쌀떡은 급하게 빻아서인지 밥알이 씹히곤 했다. 그런데 난 밥알이 씹혀서 더 좋았다. 더운 김이 채 식지 않아 따스함이 남아있는 떡은 달큰한 팥소와 함께 내 입을 호강시켰다. 어린 마음에도 할머니의 정성이 가슴 깊이 스몄다. 할머니는 떠나기 전 맛을 보게 해주고, 나머지는 그릇에 담아 보자기로 꽉 여며 싸주셨다. 다음 방학을 기다리며 보자기를 들고 나서는 기분은 너무 가뿐했다. 지금도 그 쫄깃쫄깃하고 부드러운 맛을 떠올리면 미소가 지어진다.

수능일이 가까워지면 빵집마다 찹쌀떡이 가득 진열되어 있다. 모양이 예뻐 순간 눈길이 가지만 사고 싶은 마음은 없다. 투박하지만 수고가 깃든 할머니의 떡과 비교되며 믿음이 가지 않아 먹고 싶은 마음이 없다. 할머니의 맛은 그 어떤 떡도 따라가지 못하는 최고의 맛이다. 아주 오래도록 마음속에 남아 그리움을 삼키고 삼키면서 먹어야 한다. 어쩌면 떡이 먹고 싶은 게 아니라 할머니가 보고 싶어 발길이 멈추어 섰는지도 모른다.

할머니가 찧던 절구 소리, 밥알이 남아있는 떡, 뿌연 김이 서려 있는 부엌, 하얀 광목 앞치마를 두르고 서 있는 할머니, 나를 부르던 목소리, 그 시간이 그립다. 그때 그 안에 따듯했던 감정을 다시 느껴보고 싶다.

할머니는 내가 중학교 3학년 때 돌아가셨다. 운구차에 실리는 할머니를 보며 몹시 슬펐다. 특히 셋째 오빠가 차에 매달려 오열할 때, 나도 같이 매달리고 싶었는데 용기가 없어 못 매달렸다. 그래도 오빠가 그리 울어주니 속은 시원했다. 수줍음 많은 나는 속으로만 '좀 더 사시지, 왜 그리 빨리 가는 걸까.' 애가 끓었다.

우리는 평생 어떤 맛을 따라다니며 살아가는지도 모른다. 그건 혀의 기억이 아니라 마음의 기억일 것이다. 추억의 절반은 맛이라고 하지 않던가.

가끔 생각해 본다. 나도 우리 아이들에게 밥알이 살아있는 그리움이 씹히는 떡을 만들어 줬을까. 어느 날 갑자기 생각나는 냄새나 맛 하나쯤은 가지고 있으려나 궁금하다. 입안에서 씹을수록 마음이 따듯해지는 그런 기억을 담은 맛을 간직하고 있는지 말이다.

내가 할머니에게서 기억하는 단순히 배를 채우는 음식이 아닌 마음의 허기를 채우는 '사랑의 맛'을 전해주었는지 고프다.

매일 같이 밥상을 차렸지만 늘 최선을 다하지는 못했다. 피곤하다는 이유로 대충 차려서 먹일 때도 있고 바쁘다는 핑계로 혼자 먹게 할 때도 있었다.

아이가 아플 시는 어떡하든 먹여 보려고 좋아하는 맛을 떠올리며 분주히 음식을 만들기도 했다. 수능 시험 보러 가는 날, 평소와 다름없으면서도 부담 없이 든든하게 먹여야 한다는 생각으로 무척 고민하고 궁리했다. 혹시 그런 애씀은 통했을까.

그리움의 맛은 꼭 '특별한 음식'에서 나오지는 않을 거다. 누군가가 나를 위해 애썼다는 기억에서 온다. 내 아이들 역시 좋아하는 '고추장찌개' 입안 가득히 들어가면, 그 맛에 취해 나를 기억할까. 그 한입으로 그리움이 씹힐까, 그랬으면 좋겠다.

신삼숙 | 『월간문학』 수필 등단(2018년). 수상 : 한국문학백년상(2025년). 저서 : 수필집 『모자 죽음보다 깊은 생』, 공저 『스승과 초상』 외 다수. 한한국문인협회, 대표에세이 문학회, 강서문인협회, 리더스에세이 회원. 현) 리더스에세이 사무국장. E-mail : angella0303@naver.com

훔훔한 하루

강지연

호박이 굴러왔다. 서너 끼는 너끈히 해결할 수 있는 크기로 묵직한 데다 근래 손목이 시원찮아 가슴에 안았다. 호박을 건네주시는 문 선생님은 알뜰할 것이라는 덕담을 넝쿨처럼 덧붙인다. 무엇 무엇을 해 먹을까, 머릿속이 바빠지고 발걸음이 빨라진다.

울퉁불퉁한 몸통을 씻어 도마 위에 올렸다. 아래쪽 배꼽 옆으로 줄 모양 서넛 엇갈려 팬 자국이 자라난 환경을 짐작게 한다. 가시 솜털 돋은 줄기와 노란 꽃 사이에서 맺은 호박이 넝쿨 따라 공중 부양을 하다가 내려앉은 곳이 하필이면 칡 위였을까. 줄기차기로는 둘째가라면 서러운 칡넝쿨 위에 호박이 느지거니 올라타 누르고 눌리면서 자랐지 싶다.

호박꽃과 비슷한 오각 모양의 단단한 꼭지 자루를 잡고 한쪽을 뚝 떼어낸다. 실한 생김새와는 달리 연하기가 애호박 못지않아 칼날이 시부저기 들어간다. 드러난 속살엔 이제 막 영글려던 씨앗들이 잘려나가 구멍이 숭숭하다. 씨앗 품은 태 자리를 들어내고 굵게 채 썬다.

양지머리 육수가 팔팔 끓어올라 호박을 채 가서 털어 넣고 대파를 송송 썰어 넣는다. 속은 먹음직스레 노르스름 익고 겉은 초록이 파르르 살아나 억지라고는 전혀 없는 달짜근한 맛이 그만이다. 별다른 찬 없이 밥 한 공기를 소고기 호박국에 말아 눈 깜짝할 새에 국물까지 말끔하게 들이마신다. 아침 설거짓감을 부시고 뒤돌아서니 정오를 향하는 늦가을 볕이 거실 깊숙이 들어앉는다.

너푼너푼 자른 호박에 들기름 휘휘 두르고 청양고추 어슷하게 썰어 새우젓만으로 삼삼한 간을 한다. 짙어진 초록에 분홍 새우가 걸타고 있는 호박볶음이 여태껏 가시지 않은 아침의 포만에도 불구하고 식욕을 잇댄다. 포실한 호박에 육젓의 간이 깔끔하다.

멸치 육수에 햇된장과 약간의 고추장을 풀어 호박을 지진다. 조막만한 애호박 두어 개 달린 서리 맞은 호박순도 손으로 끊고 청양고추 툭툭 부러뜨려 넣으니 알근달근한 된장찌개가 보글거린다. 주방 복판에 퍼지는 빛살 아래에 투깔스러운 뚝배기가 훈훈하다.

호박은 여린 살을 맞댄 곳이 혹여 편치 않은 자리라 해도 아랑곳하지 않는다. 한 번 내린 자리에서 뜨거운 땡볕을 받아내고 온갖 풍상 이겨내며 덩치를 키우고 왕성해진다. 투박스러운 모양 때문에 간혹 놀림조에 붙여지기도 하나, 뜻밖에 좋은 일이 생기면 호박이 넝쿨째 굴러들어 온다고 흔히들 말하는 속설이 호박의 참가치이다. 거름만 한두 차례 북돋아 주고 무심히 내버려둔들, 잡풀들 사이에서 거침없이 뻗고 자라난다. 호박은 어떠한 환경에서도 조화롭게 적응하는 능력이 탁월하다. 숭굴숭굴한 열매부터 잎과 줄기까지 버릴 것 하나 없고 다른 요리의 부재료로 쓰여도 곧잘 어우러진다. 얽히고설키는 세상사, 마치 나아가야 할 방향을 알고서 넝쿨을 뻗는 듯 우월한 것 없는 생의 조건에서 나름의 주인공으로 성장하는 모습이 용하다.

저녁 바람은 습습하고 석양은 서둘러 서산을 넘는다. 주방 등 밝히고 흙빛 민물새우 두 홉을 재빠르게 냄비에 쏟아 넣어 뚜껑을 닫는다. 열기에 놀란 새우들이 천장 끝까지 튀어 오르며 타닥거린다. 선홍빛으로 순해진 새우에 남은 호박을 배꼽만 도려내고 옴싹 넣는다. 삼삼한 육수에 된장 한 수저와 고춧가루, 들깻가루를 넉넉히 풀고 무도 뭉텅뭉텅 자른다. 통째로 넣은 호박과 두툼한 무가 푹 무를 때까지 매매 끓인다. 보드라워진 호박을 국자로 자근자근 쪼개어 맛을 보니 고작 껍질만을 짓누른 생채기 따위는 호박 본연의 맛에는 아무런 영향을 미치지 못한다. 자래로 찌개는 커다란 대접에다 한가득 퍼서 푼푼하게 먹어야 제맛, 흙냄새 올라오는 쌉싸름하고 구수한 찌개 국물에 반주 한 잔 곁들이는 주말 하루가 완벽하다.

소소한 일상 그대로가 궁극의 삶이 되어버린 나날, 흠흠한 하루를 가슴에 안는다.

강지연 | 『월간문학』 수필 등단(2018년). 수상 : 바다문학상 본상. 저서 : 수필집 『딸은 엄마의 허리춤에서 자라나고』. 한국문인협회 회원, 전북문인협회 회원.

커피 이야기

정석대

'생활 속으로 파고드는 커피' 1980년대 초반에 신문 지면에 실린 유명한 광고 문구다.

슬며시 파고들던 그 커피가 너무 깊숙이 들어와 이제는 안방까지 차지해 버렸다. 과거에는 도시의 번화가에만 있던 커피숍이 요즘은 도심지에는 한 집 건너에 한집, 한적한 국도변조차도 크고 현대식 건물은 거의가 커피숍이라고 봐도 무방하다. 물풀 사이로 빨간 금붕어가 노니는 형광등 수족관이 있는 침침한 다방에 앉아 맞선을 보는 수줍은 남녀가 고개를 숙이고 서로의 호구조사를 하던 곳, 나름 낭만적이라 생각하는 젊은이들은 DJ가 틀어주는 레코드 음악다방에서 하루 종일 죽치면서 팝송을 듣기도 했다. 그것이 멋이라 생각했고 맛보다도 자릿값을 하기 위해 커피를 마셔 주었던 셈이다. 설탕을 넣지 않으면 블랙이요, 이제는 달걀노른자 동동 띄운 모닝커피뿐이던 과거 그 시절의 커피와는 종류도 마시는 목적도 분위기도 사뭇 달라졌다. 생소한 이름의 커피들이 마구 쏟아져 나오기 시작했다. 커피값도 만만찮다. 한 잔 값이 웬만한 점심 한 끼 값이다. 커피문화가 완전히 바뀌었다.

 사실 나의 커피문화는 꽤나 역사가 깊은 편이다. 45년 전에 이미 커피 문화의 한복판에서 있었던 적이 있었다. 주한 미군 카투사로 복무한 경험이다. 숭늉을 마시듯 커피를 마셔대는 미군들 옆에서 어색한 양키 문화의 주변을 기웃거렸지만, 제대할 때까지 토종의 탈을 벗지 못했다. 지금까지도 맛이나 종류에 대해서는 잘 모른다. 사무실의 인스턴트 봉지 커피나 음식점에서 공짜로 마시는 달다리한 자판기가 내 커피 문화의 전부였다.

 연세가 지긋하신 지인 두 분과 간판 이름도 쉽게 읽을 수 없는 커피숍에 들어갔다. 후각을 푹 찌르는 찐한 커피 향과 함께 이국적으로 꾸며진 인테리어가 어색했다. 옛날 코맹맹이 소리의 레지가 반기는 인사에 익숙해졌던 두 분도 어색하기는 마찬가지였다. 우리는 쭈뼛거리며 자리에 앉았다. 하얀 와이셔츠의 젊은 청년이 메뉴판을 내미는데 무슨 커피의 종류가 그렇게도 많은지 난감했다.
 "무엇으로 시킬까요?"
 "자네가 알아서 시키게."
 역전 길다방이었다면 두 어르신의 당당한 자세만으로도 쉽게 넘어갔을 짐이 조금 덜 늙은 나에게 전가되었다.
 아메리카노, 카페라떼, 캐러멜 마키아토 도대체 뭐가 뭔지도 모르겠다. ICE와 HOT은 짐작이 가는데 국적 불명의 희한한 이름의 커피를 무슨 커피인지 알 수가 없다. 젠장 알아야 면장질을 하지 나의 의무는 큰 난관에 부닥쳤다. 나의 위신을 위해 분발해야 했다, 순간적 기지로 메뉴판의 가장 처음에 나오는 것을 단호히 선택했다. 그것이 가장 보편적일 것이라는 지극히 정상적인 판단에서였다.

"에스프레소 석 잔."

"원 샷으로 드릴까요? 투 샷으로 드릴까요?"

또 난관에 봉착했다.

"커피도 곱빼기가 있는가 벼?" 한 분이 말했다.

"투 샷은 얼마죠?" 주머니가 얄팍한 내가 물었다.

커피값을 물어보고 마시는 우리가 한심스러운지 청년은 퉁명스러워졌다.

"천 원이 추가됩니다."

"오케이 투 샷."

기왕에 마시는 비싼 커피를 짜장면 곱빼기 식 계산으로 그 난관을 무사히 통과했다.

한참 후에 커피가 나왔다. 간장 종지만 한 컵에 커피가 병아리 눈물만큼이나 담겨 나왔다. 주문한 것은 곱빼기였으니 아마 이것은 횟집의 스끼다시에 나오는 메추리알 정도라고 생각했다. 나는 종지를 들고 아무 생각 없이 단숨에 탁 털어 넣었다. 아이쿠! 이게 웬일인가? 한

약 쓰다는 것은 저리 가라다. 쓴 것은 고사하고 독하기는 중국집 고량주는 이빨도 안 났다. 도저히 용납할 수 없는 이 커피를 뱉어 낼 수도 없다. 체면을 위해 꿀꺽 삼켰다. 혓바닥의 얼얼함에 이어 목구멍에서 식도로 그리고 위장까지 짜르르하다. 마치 갈퀴로 할퀴고 지나가는 듯한 뜨끔함이 엄습해 온다. 졸지에 당한 나의 주린 창자는 거센 불길로 아수라장이다. 아랫배까지 지리멸렬이다. 침묵은 무식을 커버한다. 다른 두 분도 똑같이 일그러지는 표정을 감추는 것이 역력했지만 내색하지 않으려 노력하는 모습이 역력하다. 더 이상 참기 힘들었던 한 분이 기어코 바른말을 했다.

"어우 써. 무슨 커피가 이래?"

"에스프레소는 애호가만 마시는 겁니다." 청년이 이 꼬라지를 미리 예상한 듯한 의미심장한 웃음을 띠며 말했다. 그제야 우리가 마신 커피가 메인임을 알았다. 원액의 비싼 커피에 오지게도 당했다.

불에 덴 듯한 경험으로 한동안 커피숍 근처에도 가지 않았다. 그런데 언제부턴가 그렇게 혼이 난 그 커피 생각이 시간이 흐를수록 조금씩 나기 시작하는 것이 아닌가? 결연한 의지로 금연 목표를 세워놓고 이를 악물고 버티어 오던 담배가 땡기듯 그 커피가 당겨온다.

마치 마약처럼.

정석대 | 『월간문학』 수필 등단(2018년). 저서 : 수필집 『이바구』(2020년 우수도서 선정). 대표에세이 문학회 회원. E-mail : jungsukdae@hanmail.net

곱창 VS 곱창   박용철

어린 시절, TV 드라마 전설의 고향을 보았다. 조악한 특수효과와 어설픈 분장이지만 섬뜩한 장면이 있었다. 구미호가 사람이 되기 위해 무덤가에서 사람의 내장을 허겁지겁 먹는 모습이었다. 특히 입가에 번지는 붉은 피는 생생한 잔상으로 남기도 했다. 가난한 시절이었지만 식욕을 떨어뜨리는 장면이었다.

어렴풋이 사람의 내장은 맛이 없을 것이라 짐작했다. 돼지처럼 기름지지도 않고 치킨처럼 달짝지근하지도 않은 밋밋한 맛일 것으로 생각했다. 여우가 사람의 내장을 먹는 것은 오로지 사람이 되고 싶은 열망에 곰이 굴속에서 100일 동안 쑥과 마늘을 먹듯이 인간이 되기 위한 통과의례로 생각했다. 시간이 흐르면서 전설의 고향은 종영되었고 구미호의 모습도 묻혔다.

청소년이 되면서 순대를 먹었다. 찹쌀과 당면이 버무려진 순대의 쫄깃함은 입맛을 다셨다. 취향에 따라 간과 허파 등 내장을 주문하기도 했다. 청년이 되면서 곱창으로 대표되는 내장을 먹게 되었다. 내장 자체가 음식으로서 탐할 빛깔은 아니었다. 그렇지만 대파, 깻잎 등 다양한 재료를 넣은 곱창의 색상에서 고소함이 묻어났다. 또한, 내장 깊숙한 곳에서 우러나오는 기름진 감칠맛은 혀를 움직이게 했다. 대창, 막창, 곱창 등 각종 내장 요리는 술까지 불렀다.

　장년이 되면서 건강 검진이 중요한 나이가 되었다. 의무적으로 검사받는 것 외에 추가로 검사를 받기도 했다. 2년 만에 위 검사를 실행하는 날이었다. 평소처럼 수면 내시경을 신청했다. 더불어 비용을 따로 지불하고 폐 검사를 위한 폐 CT 촬영도 했다.

　검사 후, 결과를 듣기 위해 내과를 방문했다. 평소에는 내시경 검사 결과를 수면 상태에서 깨어나면 바로 알려주었는데, 이날은 폐 촬영을 했기에 전문의를 만나서 위와 폐에 대한 의견을 같이 들어보라고 권했다. 덕분에 내시경으로 찍은 내 몸속을 처음으로 보게 되었다.

　내시경 카메라가 목구멍을 타고 급하게 내려가니 몸속의 내장이 적나라하게 드러났다. 찌개, 고기, 날것, 태운 것 등 가리지 않고 먹어 치운 위장이다. 줄기차게 담배를 피웠고 나이도 만만치 않다. 위벽은 거뭇거뭇하고 내장은 주글주글할 것으로 예상했다. 그런데 뜻밖의 장면이 펼쳐졌다.

　내시경의 움직임에 따라 보이는 나의 목 속은 흠결하나 없이 깨끗했고, 위장은 출렁이며 약동했다. 빛깔은 마블링 그득한 선홍빛 소고기를 연상케 하며 생명력이 넘쳤다. 그 무엇인가 이 모습을 보았다면 양념장을 얹어서 먹고픈 충동을 느낄 것 같았다. 순간, 오랫동안 잊혔던 유행 지난 구미호가 소환되었다.

여우가 사람의 내장을 먹는 것이 인간이 되기 위한 인고의 시간이 아닌 탐욕의 시간이었다는 생각이 덮쳤다. 인간의 내장이 맛이 없을 것이라고 확신했던 것도, 여우가 인간의 내장을 먹는 장면을 불편하게 느껴졌던 것도 모두 인간의 시선이었다. 내장 앞에서는 모두가 동등한 생명체이다.

평소에 사람과 자연이 조화롭게 공존한다는 일원론적 자연관을 가졌다고 자부했다. 하루살이의 하루와 사람의 백 년이 같다는 기특한 생각을 했다. 그러나 착각이었다. 괜히 마음 넓은 척 가식을 떨었던 것이다. 이분법적 자연관이 내면 깊숙이 배어 있음을 새삼 깨달았다. 나아가 인종과 빈자에 대한 차별도 내장 깊숙한 곳에서 우러나오지는 않았는지 성찰해 보기도 했다.

열대야 그득 찬 저녁 식사 자리. 오색 곱창구이 앞에 앉는다. 한 점을 집어서 입에 넣는다. 곱창을 바라보는 나의 시선과 내장을 탐했던 구미호의 욕망이 부대낀다. 곱창 VS 곱창이 겹쳐진다.

박용철 | 『월간문학』 수필 등단(2019년). 한국문인협회, 대표에세이 문학회 회원.

봄마늘

권은

두근거리는 마음으로 뚜껑을 열어본다. 시큼한 김치 냄새, 김치통으로 꽉 들어찬 김치냉장고는 일 년을 책임질 김치가 통마다 가득 들어있다. 총각김치 두 통과 배추김치 다섯 통, 동치미 한 통까지 김장하느라 고생은 했지만 먹을 생각에 새삼 뿌듯하다. 마치 자식 농사 잘 지은 것 같은 든든함이랄까. 꽉 닫힌 김치통 뚜껑을 조심스레 열어본다. 기대했던 빨간 색이 아니다. 젓갈에 잔뜩 절어 제 색깔을 잃어버린 갈색에 가까운 김치가 눈으로 보는 기대치를 떨어뜨린다. 왜 이럴까. 설마 다른 통은 다르겠지 하는 마음으로 열어봐도 색깔이 똑같다. 김치 한 잎을 떼어 먹어본다. 입속에서 매캐한 무언가가 올라와 혀를 마비시킨다.

그 김치를 도시락 반찬으로 싸서 직원들과 같이 먹게 되었다. 자초지종을 설명하고 맛보라고 하니 다들 맵고 짜다며 한 번만 먹고 만다. 무엇이 문제인 것 같냐고 물으니 그중 한 사람이 톡 쏘는 매운 말을 한다.

"고춧가루는 죄가 없어요."

결국 잘못 담근 내 솜씨가 문제일까. 짠 건 젓갈을 과하게 쓴 내 잘못인데 매운 건 나의 잘못이 아닌 것 같아 속상하다.

아버님 댁에서 하는 마지막 김장일 거라며 온 식구를 동원해 시골집으로 향했다. 하룻밤을 절인 배추를 꺼내 씻고 그 물에 총각무를 절인다. 배추가 잘 절여졌다는 건 간이 셀 수도 있다는 신호일 수 있다. 양념을 적게 할 것을 젓갈 맛이 김치맛을 좌우한다는 신념으로 정성껏 달인 황석어젓과 갈치 액젓, 새우젓을 고춧가루에 섞는다. 아버님은 올해 고춧가루는 큰형님이 보내주었다며 재차 자랑하신다. 고마운 마음이 든다. 연로해 고추 농사를 포기한 아버님을 위해 딸이 직접 농사지은 고춧가루를 두 봉지나 보냈으니 올해는 그 덕분에 김장도 하고 넉넉히 쓸 수 있어 마음으로 풍족함을 느껴본다. 이 고추를 위해 흘렸을 땀과 수고에 덩치 큰 형님은 얼마나 힘들었을까.

아버님이 직접 농사지은 쪽파와 갓은 깨끗이 다듬어져 있다. 농사지은 알 좋은 마늘은 곱게 다져 통에 들어있는데 아버님은 요양보호사가 다 준비해 주었다며 수고를 그녀에게 돌린다. 무릎이 아파 온전히 앉았다 일어나기도 힘겨운 구십오 세의 아버님이 옆에서 물 호스도 끼워 물도 틀어 주고 고무장갑 끼고 김장하는 나를 돕는다. 어쩌면 아버님과 함께 김장하는 일이 이번이 마지막 행사일지도 모른다는 생각에 마음이 짠해진다. 일상이 일상일 때는 소중한 걸 모르다 그 일상을 벗어나야 소중했다는 걸 아는 걸까. 노고에 비해 결과가 좋으면 김치를 먹을 때마다 행복하고 그 노고를 잊을 텐데 맛이 없으면 노고만 생각나고 불만은 없어지지 않는다. 고춧가루는 과연 죄가 없을까.

전에 쓰던 고춧가루를 꺼내 비교해 본다. 일단 때깔이 다르다. 기존에 쓰던 것은 붉은빛을 띠고 맵기도 적당한데 이번 고춧가루는 색깔이 누렇고 맵기는 혀가 마비될 정도의 쏘는 맛이다. 아마도 이 고춧가루의 매운 성분이 김치의 색깔과 상태를 좌우했을 거라는 나만의 평계를 대본다. 형님이 청양고추 가루와 일반 고춧가루 두 보따리를 준 걸 청양 고춧가루만 써서 김장을 망친 것 같다. 아버님 냉장고엔 마치 약을 올리는 것처럼 빨간 일반 고춧가루 한 봉지가 뜯지도 않은 채 자리 잡고 있다.

그 김장김치를 먹을 방법을 궁리하다 결국 씻어 먹기를 해본다. 양념을 다 씻어내고 몸체만 남긴 배추를 물에 담가 30분간 짠맛을 우린다. 물기를 꼭 짜 들기름에 마늘 기름을 내어 김치를 살짝 볶아 참깨를 솔솔 뿌린다. 들기름 향과 함께 김치 씹는 맛이 좋다. 밥반찬으로 제격이다. 버렸으면 큰일 날 맛이다. 아버님께도 이렇게 해서 갖다드려야겠다.

"짠 김치 잡수지 마시고 이거 드세요."

하면서. 고춧가루는 죄가 없다. 만드는 사람이 어떻게 응용하느냐에 달려있다. 고춧가루가 문제라면 백김치로 하면 되고 씻어서 먹으면 된다.

김장김치와 함께 실려 온 마늘을 베란다에 매달아 놓고 한 통씩 까서 여태 먹고 있다. 자신이 농사지은 마지막 마늘이라며 마늘 다발을 건네주시던 아버님 말씀이 마늘을 깔 때마다 자꾸 생각난다. 유난히 마늘 농사가 잘되었다며 제일 크고 좋은 다발을 주셨는데 겨울을 지난 마늘은 한껏 쪼그라지고 말라 성한 마늘이 한 통에 한두 개밖에 없다. 어쩌면 아버님의 지금 모습이 겨울을 지난, 봄 마늘 같다는 생각이 든다. 처음 캤을 때 알찼던 마늘이 시간을 견뎌내느라 쪼그라지고 말라 최소한의 물기로 버티고 있는 봄 마늘. 그 마늘엔 아직도 알싸한 향도 있고 내일을 준비하는 푸른 새싹이 들어있다. 가을, 땅에 심겨 겨울 추위를 견디며 싹을 밀어 올릴 푸른 새싹이 봄 마늘 속에 갇혀 푸른 새싹을 여전히 간직하고 있다. 어쩌면 봄 마늘은 아직 꿈을 잃지 않고 땅을 향해 자신을 뿌리내리고 싶은지 모른다. 마늘도 나무도 사람도 영원히 살 수 없기에 자손을 통해 영원을 꿈꾸며 사는 걸까.

아버님의 육신은 자손에게 물기를 다 뺏기도록 평생 일을 해 이제 최소한의 육신만이 아픈 채로 남아 있다. 아버님이 주신 마늘, 들깨, 쪽파, 고구마, 감자 상자가 그냥 선물이 아니라 한 사람이 일군 삶의 열매였다는 생각이 든다. 자식을 위해 기꺼이 자신의 삶을 희생하며 살아온 한 가족의 가장이 고목처럼 우리 뒤에 버티고 있다. 그 그늘 밑에 우리가 살고 있다. 이제 햇마늘이 나오면 겨울을 버틴 마늘은 쓸모없게 될 것이다. 쭉정이는 버리고 싹 나려는 마늘만 골라 다듬어 기름에 볶으니 제법 마늘 향을 풍긴다.

아버님의 삶이 묻어 있는 먹거리를 아직은 마냥 얻어먹고 싶다. 마늘, 고추 농사도 모두 포기하고 겨우 문밖출입만 하는 아버님을 보며 나보다 더 큰 어른이 있어 아직은 철없는 핑계를 대는 아이처럼 살고 싶은 건 내 욕심일까. 아니면 이제는 내가 아버님께 어른 역할을 해야 하는 때가 된 것일까. 어른으로 산다는 고달픔을 봄 마늘 향이 알싸하게 풍기는 듯하다. 내년에도 아버님이 물심양면으로 돕는 김장을 다시 한번 맛나게 제대로 하고 싶은 소망이 푸른 마늘 싹처럼 올라온다.
자식은 부모에 늘 못 미치는 존재다.

권 은 | 『월간문학』 수필 등단(2020년). 한국문인협회, 대표에세이 문학회 회원.

한 입만 먹어볼래?

허복희

남편이 김치를 사들이기 시작했다. 허리 통증으로 한의원을 드나드는 모습이 안쓰러웠나 보다. 맛을 보니 나쁘지도 않거니와 편하기도 해서 굳이 말리지 않았다. 몇 번은 아이들도 흔쾌히 먹더니 더운 날씨를 핑계로 시원한 엄마표 열무김치를 찾기 시작했다. 며칠 전 새로 문을 연 가게에서 채소를 저렴하게 판다기에 그곳을 찾아갔다. 과연 열무와 배추를 반값에 팔고 있다. 주부 본능으로 열무와 배추를 모두 사고 말았다. 승용차 뒷자리를 풀 내음으로 가득 채웠다. 길옆 작은 국숫집을 지나는데 유리창 너머 모녀처럼 보이는 두 사람이 있다. 마주 보고 웃으며 국수 위에 김치를 얹어 먹는다. 갓 담근 김치에 김이 무럭무럭 나는 칼국수를 해 드시던 엄마 생각이 난다. 국수를 좋아하지 않았던 나는 저렇듯 다정한 모습으로 엄마와 국수 한 그릇 나눈 적이 없다. 김칫거리 보따리에 그리운 엄마 생각이 따라온다.

엄마처럼 열무김치는 냉장고 밖에 두고 배추김치는 냉장고 속에 넣었다. 그리곤 엄마처럼 큰 접시에 갓 버무린 김치를 듬뿍 담아내고 칼

국수를 삶았다. 뜨끈뜨끈하고 부드러운 국수 위에 아삭하고 얼큰한 김치를 얹어 먹어본다. 맛있다. 김치를 좋아하는 아이에게 시식을 부탁했더니 국수에는 관심이 없고 김치만 먹어보곤 자리를 뜬다. 국수도 한 입 먹어볼 테냐고 물었더니 싫단다. 젓가락에 국숫발을 둘둘 말고 김치를 얹어 다시 한번 먹어보라고 권했다. 싫단다. 한 입만 먹어보라고 애원 어린 청을 했다. 마지못해 딱 한 입만 먹겠다는 다짐을 받곤 정말 딱 한 입만 먹고 제 방으로 들어간다.

아무렇지도 않은 척해 보지만 서운하다. 마주하고 사소한 이야기라도 나누고 싶었건만 독백으로 위안 삼을밖에. 얼마 남지 않은 국수 가락을 건져 올리는데 혼자 두고 간 것이 미안했던지 아이가 시를 들고 나왔다. 슬퍼서 공부가 안된단다. 김춘수의 강우다. 시를 읽는 아들의 목소리를 듣고 있자니 뜨거운 김이 눈을 타고 목으로 넘어 간다.

김치, 칼국수, 그리고 아들과 책.

엄마와 나도 이렇게 앉아 있었다.

엄마는 칼국수를 손수 만들어 드시는 것을 좋아하셨다. 반죽기도 없었던 때라 양푼에 밀가루를 넣고 방아 찧듯 엉덩이를 들썩이며 찰지도록 주물러 댔다. 손가락으로 눌러 보면 눌렸던 자리가 바로 봉긋하게 되살아날 정도로 탄력이 좋았다. 반죽 덩어리를 두리반에 옮겨 콩가루를 뿌려 가며 홍두깨로 밀고 당기셨다. 커다란 찐빵처럼 보이기도 하고 못난 호박처럼 보이기도 하던 반죽 덩어리는 손톱 아래까지 하얘진 손바닥으로 여러 번 말아서 굴렸다 펼치기를 반복하면 점점 쟁반처럼 둥글고 넓적하게 변해갔다. 반죽이 얇아져 먹기 좋은 두께가 될 때까지 여러 번 반복하는 일은 쉽지 않아 보였다. 하지만 엄마는 힘들다면서도 웃음이 가득했다. 두리반을 넘어설 정도로 반죽이 커지고 얇아지면 사이사이 붙지 않도록 밀가루를 뿌려 가며 여러 겹 접고는 쫑쫑 썰어 국수 가락을 만드셨다. 한석봉 어머니의 떡 썰기만큼이나 엄마의 국수 썰기도 훌륭했다. 오로지 손가락만으로 간격을 조정하며 써는 대도 모양과 속도가 일정하고 빨랐다. 국수가 완성되는 동안 방안은 밀가루와 콩가루 냄새로 가득했다. 냄새를 참고 견디기가 쉽지 않았지만 썰고 남는 꽁다리를 얻으려고 나는 끝까지 버텼다. 국수 꽁다리는 연탄불에 올려놓으면 중국 호떡처럼 가운데가 봉긋하게 부풀어 오르며 노릇하게 과자로 변했다. 자칫 손가락에 힘이 조금만 들어가도 파삭하게 부서져 게 등껍질처럼 보이기도 했다. 엄마와 나 사이에 국수를 매개로 한 즐거움은 국수 꽁다리가 구워지면 끝나버렸다. 구운 밀가루 냄새는 고소한데 삶은 국수 냄새는 도저히 비위가 맞지 않았다.

'딱 한 입만 먹어볼래?'

국수 삶는 날에는 늘 같은 질문을 하셨고 나는 딱 한 입만이라는 약속을 받아낸 후에 정말 딱 한 입만 먹었다. 그리고 나서는 함께 먹지 못하는 미안함과 어색함을 피하려고 엄마가 좋아하시는 이야기를 읽어 드리곤 했다. 어떤 이야기였는지 기억할 수 없다. 다만 국수는 먹어도 먹어도 줄지 않는다며 오래도록 내 목소리에 귀를 기울여 주시던 표정만 남았다.

 참을 수 없던 그 냄새가 지금은 구수하다. 더욱이 입맛이 없을 때면 일부러 국수를 삶기까지 한다. 이토록 시원하고 부드러운 국수와 일찍이 친해지지 못한 것이 아쉽다.

 딱 한 입만 더 먹어볼걸. 아들이 읽어 준 강우 때문인지 국수 그릇에서 올라오는 김 때문인지 자꾸 눈앞이 흐리다. 아들을 바라보며 방으로 들어가도 좋다고 고개를 끄덕였다.

허복희 | 『월간문학』 수필 등단(「동행」, 2021년). 한국문인협회, 광명문인협회, 대표에세이 문학회 회원. E-mail: gjqhzl@naver.com

아내의 집밥

이대범

십여 년 전에 인제 지역의 민요와 설화를 조사하기 위해 그곳을 방문했었다. 구전하는 설화나 민요를 채록하는 일은 조사자의 의욕만으로 결과가 보장되는 것이 아니다. 훌륭한 제보자를 만나지 못하면 성과를 거둘 수가 없다. 매체 환경이 변화하면서 구비문학에 대한 학계의 관심도 예전만 못하고, 유능한 제보자들이 세상을 뜨면서 발품만 팔고 헛고생할 때가 많다.

그날 조사는 인제 지역에 대한 세 번째 조사였다. 이미 실시한 두 차례 조사 결과가 만족스럽지 않아서 다시 찾은 터라 일행의 마음은 무거웠다. 시작은 지지부진했다. 문헌 조사를 통해 작성한 목록을 바탕으로 노인정에서 만난 어르신들께 구연을 부탁했지만 모두 부담스러워하며 사양했다.

다른 장소로 옮기려고 정리하려는 참에 조사 내내 조용히 뒷전에서 지켜보던 '젊은 노인(?)'께서 당신이 한번 해보겠노라고 자청하며 나섰다. 그런 경우 대개는 일제 강점기에 유행했던 유행가 가락을 읊는 경우가 다반사여서 일행은 큰 기대를 하지 않았다. 그런데 대반전이 일어났다. 노인은 잠시 목청을 가다듬더니 노동요·의식요·유희요

등 갈래를 막론하고 스무 편이 넘는 민요를 유창하게 불러제꼈다. 놀라웠다. 결과에 대한 불안감 때문에 마음고생하던 조사단 일행은 환호했다. 게다가 알려지지 않았던 지역의 전설과 민담도 십여 편을 마치 손자에게 들려주듯 맛깔나게 구연했다. 우리 일행은 밑천을 뽑을 기세로 거듭해서 구연을 부탁드렸고, 그분께서도 선선히 응해주셨다. 제보자께서 손사래를 치며 사양할 때까지 무려 네 시간 가까이 조사를 진행했다. 나중에 제보자 인적 사항을 정리하다가 또 한 번 놀랐다. 기껏해야 60대 중반쯤 될 것으로 짐작했던 그분은 여든을 훌쩍 넘긴 상노인이었다. 반신반의하는 일행에게 당신은 주민증을 보여주면서 으쓱했다. 역대급 대박이었다.

조사를 마친 일행은 발걸음도 가볍게 늦은 점심을 먹기 위해 음식점을 찾아 나섰다. 늘 하던 대로 재래시장을 찾았다. 그 지역의 특색있는 음식을 쉽게 맛볼 수 있는 좋은 장소로 시장만 한 곳은 없다. 성과도 만족스럽고, 이번 조사의 마지막 일정이어서 일행은 느긋하게 술도 한 잔 곁들이면서 만찬을 즐길 요량으로 음식점을 물색했다. 좁은 시장길 양편으로 좌판을 벌여놓고 손님을 기다리는 아낙들의 눈길을 받아 가면서 걷다가 '인제에서 두 번째로 맛있는 밥집'이라는 상호를 발견했다. '제일 맛있는 집도 아니고 두 번째로 맛있는 밥집은 또 뭐냐'며 만장일치로 그 집으로 결정했다.

겉보기와는 달리 안은 넓고 정결했다. 주인이 권하는 대로 산채 정식으로 메뉴를 정하고 직접 담갔다는 좁쌀 막걸리도 두어 주전자 주문했다. 열무김치와 막걸리가 먼저 나왔다. 경험해 보지 않은 이들이 노동(?) 후에 마시는 술맛을 어찌 알까. 목 넘김도 그러려니와 은은한 누룩 향과 톡 쏘는 맛이 일품이었다. 이어 내오는 음식이 열을 맞추어 자리를 잡는데 상차림이 황홀했다. 일일이 이름도 나열할 수 없는 열두 가지 산나물 장아찌, 각종 묵나물 무침과 모둠 전, 표고버섯·싸리버섯·느타리버섯·목이·능이·석이 등 각종 버섯 반찬, 고추·다시마·부추꽃 부각, 게다가 편육에 꽁치와 고등어구이, 코다리조림에 된장찌개까지. 진수성찬이었다.

이야기에 취하고 술에 취해 흥이 도도할 즈음 주인에게 물었다. 이렇게 근사한 상차림을 하고도 '제일 맛있는 집'이 아니고 왜 '두 번째로 맛있는 밥집'이라 하느냐고. 주인의 답은 의외로 간단했다. 자신들이 아무리 정성을 다한들 집에서 어머니가 차려주는 집밥만 하겠냐는 것이다. 존경스러웠다. 모두가 무슨 무슨 '원조'를 내세우는 세태에 흔들리지 않는 주인의 겸손에, 또 최선을 다하고도 자신의 수고가 '으뜸'이 아니라 '버금'이라고 말하는 겸양에 감동했다.

집밥 하면 내 아내도 둘째가라면 서러워할 여인이다. 나이 들어 결혼할 생각도 않고 혼자 사는 아들 때문에 아내는 마음고생이 많다. 결혼 이야기만 꺼내면 언성을 높이는 아들이 무서워서 그저 뒷바라지에 최선을 다할 뿐이다.

한 달에 한 번꼴로 아들 집을 찾는 아내는 그때마다 아들의 섭생 때문에 근심이 자자하다. 우리 내외는 아들 집을 방문할 때마다 매번 커다란 마대 두 자루 분량의 배달 음식 용기를 수거해온다. 영양의 불균형은 차치하고라도, 배달 음식이라는 게 건강을 위해 삼가라는 즉석 음식이 대부분이라서 아내는 걱정이 이만저만이 아니다.

그래서 아들 집에 갈 때마다 아내는 한 끼라도 제대로 된 집밥을 먹이겠다며 정성을 다한다. 방문일이 정해지면 아내는 한 주일쯤 전부터 음식 장만을 시작한다. 텃밭에서 기른 제철 채소를 채취하고, 물 좋은 생선과 높은 등급의 쇠고기도 사들인다. 녀석이 좋아하는 총각김치를 담글 재료를 구하기 위해서 시장 순례도 마다하지 않는다. 늦잠이 많은 아내지만 방문하는 날은 새벽부터 일어나 음식을 장만한다. 한 끼 식사로는 어림도 없겠지만 집밥으로 자식 건강을 지키겠다는 아내의 결의가 비장하기까지 하다.

잡곡밥에 소고기무국은 기본. 익힌 김치와 상추 겉절이, 오징어·당근·미나리 줄기·채 썬 파프리카 등속을 데친 쪽파로 말아 만든 강회, 텃밭에서 채취한 취며 흰 민들레며 부추 등을 섞어서 부친 부침개, 애호박전, 생선구이 등등 정성이 담긴 음식들을 만들어서 각종 용기에 담는 아내 모습은 종교의식을 행하듯 경건하다. 아들네 작은 식탁에 음식을 차려 놓고 녀석이 먹는 모습을 바라보며 아내는 흐뭇한 표정을 짓는다. 세상에서 가장 행복한 어머니다. 아내가 마련한 식탁은 단순한 식탁이 아니다. 집밥이 차려진 식탁은 소가 풀을 뜯는 초원이며 물고기가 헤엄치는 심해다. 온갖 채소가 자라는 텃밭이며 봄기운을 머금은 온갖 산채가 싹을 내미는 산기슭이다.

음식만큼 소중한 추억을 담는 그릇도 없을 것 같다. 적어도 내 기억에는 그렇다. 자장면을 먹을 때마다 나는 아버지 손에 끌려 영화관에 갔던 60여 년 전의 해묵은 추억을 소환한다. 함박스테이크를 먹을 때면 너무 긴장한 나머지 나이프를 떨어뜨리고 물을 쏟는 등 실수를 연발했던 대학교 신입생 시절 첫 미팅의 기억을 떠올린다. 닭발을 먹을 때면 교사 첫 발령지였던 묵호 시장 골목에서 느꼈던 쓸쓸함을, 고추장 삼겹살을 구울 때면 어느 해 초겨울 지리산 세석산장에서 동료들과 주제넘게 나라 걱정을 하며 논쟁하던 열정을 회상한다. 이쯤 되면 음식은 단순한 먹거리를 넘어 기억을 위한 기호라고 할 수 있지 않을까.

아내에게 집밥은 밥이 아니다. 아내의 집밥은 아들을 위한 보약이다. 먼 훗날 녀석은 엄마의 집밥을 떠올리며 제 어미의 수고를 기억하리라. 아내가 집밥 차리는 수고를 얼마나 더 견뎌야 할지 모르겠다. 천생연분이라고 했다. 짚신도 짝이 있다고 했다. 가까운 시일 내에 아들이 저분께서 점지하신 배필을 만났으면 좋겠지만 그저 기다리는 수밖에. 오늘도 배달 음식을 시켜놓고 혼밥을 하고 있을 아들의 모습이 눈에 밟힌다.

이대범 | 『월간문학』 수필 등단(2021년). 저서 : 수필집 『방동리별곡』 『수필을 위한 반성문』 『수필, 영화를 탐하다』. 한국문인협회, 대표에세이 문학회, 춘천 서면문인회 회원.

회식 문화 會食文化 엿보기

오대환

문화는 풍습의 산물이며 그 본질은 함께 먹고 즐기는 방식이다. 나라마다 음식 맛이 다르듯이 사람들이 모여 어울리는 멋 또한 각양각색이다. 수 천 년 동안 한자漢字를 함께 써 왔지만, 글자로 문화의 결은 매만질 수 없었다는 사실이 흥미롭다.

지난봄 윤동주 80주기 문학기행을 다녀왔다. 3박4일 동안 돈가스 정식, 샤부샤부, 전통 일식, 야끼니꾸, 스끼야끼우동, 스시 그리고 돈멘우동 등 아홉 가지를 맛봤다. 귀국 당일 후쿠오카 공항 인근 식당에서 주먹밥과 함께 나온 돈멘해물우동은 양도 넉넉했고 국물 맛도 깊어 기억에 남는다.

일본식 상차림은 우리 식성으론 몇 수저면 끝나는 양이다. 절임 오이나 단무지 하나로 10인분 반찬을 거뜬히 차릴 수 있다. 고기 1인분이라 해도 입 큰 사람 두세 번 젓가락질이면 그만이다. 그래서 가이드가 예약한 식당이 모두 다베호다이食べ放題=제한 시간 내 무제한 식사 전문점이다. 맛은 좋지만 고기가 너무 연해 씹는 둥 마는 둥 그냥 넘어간다. 일본에서 씹는 맛 즐기기가 어렵다는 가이드 말을 실감했다.

그래서인지 얼핏 거리를 오가는 일본인들 골격이 우리보다는 약해 보이기도 했다. 하지만 사무라이 문화의 영향으로 사회 곳곳에 날이 서 있는, 규범에 순응하는 절제의 DNA가 전해오는 게 아닌가 싶다.

필자는 공직 시절 일본에서 3년 파견 근무한 적이 있다. 퇴직 후엔 사기업에 근무하며 농자재 시장 개척을 명분으로 10년 가까이 수십 차례 중국을 왕래했다. 이런 경험을 바탕으로 한중일 한자문화권 3국의 회식 문화 차이를 회상해 본다.

우리는 통상 윗사람이 참석해야 회식이 시작된다. 자리도 대체로 4각 탁자에 안쪽 중앙을 상석으로 배치한다. 특별한 자리가 아니라면 윗분 말씀에 따라 그날그날 분위기가 돌아간다. 그러나 중국은 격식이 확실하다. 초대자 좌우 맞은 편, 출입구 등 서열 따라 자리 배치가 확실하다. 좌장의 제안으로 순차적으로 한마디씩 건배사를 하며 돌아간다. 그러나 일본 사람들 회식의 시작은 대체로 자유분방한 편이다. 윗사람의 임무는 개시보다는 마무리에 있는 느낌이다. 특별한 경우가 아니면 착석하는 대로 자유롭게 시작한다. 끝내야겠다 싶을 때 인사말하고 짝짝짝 세 번의 박수로 마무리하는 게 좌장의 역할처럼 보였다. 시작으로 보면 중국이나 우리가 그럴듯하고 마무리로 보면 일본이 깔끔했다. 술이 사람을 마시게 되면 어디나 마찬가지겠으나 사람이 술을 마실 때까지는 그렇다는 얘기다.

알코올 도수를 살펴본다. 중국은 40도는 돼야 술 축에 들고 일본은 19도짜리 소주도 독하다며 미즈와리물타기 해서 마신다. 30년 전 3년 정도 일본 사람들과 미즈와리하다가 귀국해서 생소주를 마셨더니 무척 독하게 느꼈던 적이 있다. 독주에 대한 호불호도 대륙과 해양의 딱 중간, 반도에 서 있는 느낌이다.

음식의 재료나 요리에 대해 언급할 만한 식견은 없다. 그러나 상 차림새만 봐도 차이가 확실하다. 중국식 상차림은 뷔페식 원탁 상차림에 각자가 덜어 먹는 방식인데 볶고 튀기고 찌는 레시피가 독특해 보인다. 일본은 철저한 개인별 상차림이다. 메뉴도 양도 똑같이 앞앞에 놓아준다. 반면, 우리는 요리와 반찬은 중앙 공급식이고 국거리와 밥은 개별로 놓아주는 절충식인데 특히 국과 탕 종류가 풍부하다. 섞고 비비고 끓이는데 일가견이 있다.

중국인들은 날것은 거의 먹지 않는 편이다. 하지만 일본인들은 산 생선을 칼질한 사시미가 대표 요리 중 하나다. 눈망울을 껌벅거리는 생선을 난도질해 차려 놓는다. 우리는 사시미도 좋아하고 기름에 튀기고 깊이 쪄낸 중국식 요리도 잘 먹는다. 그러나 유독 된장, 간장, 고추장, 김치처럼 발효시킨 밑반찬이 기본이다. 발효 식품은 손이 많이 간, 세월이 곰삭힌 맛과 멋의 예술이다. 김치만 해도 재료별로 배추김치, 총각김치, 열무김치, 갓김치… 수십 가지다. 가문별로 손맛이 대대로 이어져 온 까닭이며 살림집 냉장고가 일본이나 중국보다 커야 할 이유이기도 하다.

일본산 재료만으로 김장을 해보기도 했다. 고춧가루는 이삿짐에 넣어 갔지만 배추와 다른 양념류는 일본 것을 쓸 수밖에 없었다. 집사람 솜씨는 변함없는데 맛은 영 제맛이 아니었다. 결국 습기 많은 나라에서 자란 배추와 양념의 재질 차이라 보고 '신토불이身土不二'란 네 글자를 되새겨본 일이 있다. 그러던 어느 해 도쿄 주재 외교관 가족을 도쿄도東京都 직속 오시마섬으로 1박2일 초청한 프로그램에 참여한 적이 있다. 당시 여러 나라의 가정 음식 차림 대회가 열렸었는데 그때 우리는 백김치로 큰 인기를 받았던 일을 추억해 본다.

일본의 혼례식이나 장례식은 가족 위주로 정중하고 절제된 차분한 행사다. 중국은 공동체가 함께 하는 성대한 의례로 볼 수 있고 우리는 체면과 관계를 중시하는 '품앗이 행사'라고 해도 지나친 말은 아닌 듯싶다. 어느 풍습이 옳고 그르다기보다 그 풍습을 낳은 사회적 인과관계와 앞으로 발전 방향을 주시할 필요가 있다고 본다. 예컨대 일본은 자본주의 경제체제지만 개인과 사회의 가치가 충돌하면 공동체 질서가 우선하는 사회주의 감성이 자생한다. 중국은 원래가 공산 사회주의니까 더 말할 나위 없다. 회식 장면은 단순한 풍경이 아니라 그 사회가 품은 가치관의 그림자다.

아주 옛날엔 문명이 대륙에서 해양으로 흘렀다. 근대 문명은 해양에서 대륙으로 유입됐다. 그런데 인터넷 신문명은 파장을 타고 하늘로 움직이고 있다. 정보가 바람처럼 넘나들다 보니 국경이 무색해졌다. 눈부신 과학기술 덕분에 수십 수백조의 데이터를 바탕으로 '추론, 판단, 학습, 문제 해결 기능을 갖춘 AI'까지 등장했다. 명령(프롬프트)만 확실하면 근사한 작곡도 몇 초 만에 해내고 깜짝 놀랄 디자인은 물론 새로운 일품요리 레시피쯤은 눈 깜짝할 사이에 끝내버린다.

미루어 짐작하건대 AI 문명의 지혜를 빌려 망국적 흑백 논쟁의 돌파구를 찾을 수도 있을 것 같다. 패러다임 격변기에 작은 나라도 크게 놀아볼 수 있는 틈새도 있어 보인다. 우리만의 늘품을 정성껏 가꾸어 문화 영토를 넓혀갈 수 있겠다 싶다. 극단으로 패가 갈린 안목만 아니라면.

이제 대지만 영토가 아니다. 초진분보秒進分步 글로벌 생존경쟁 속에서도 한강이 노벨로 흐르고, 오징어게임 3탄이 지구촌 드라마 시장을 또다시 평정했다. 넷플릭스에서 애니메이션 〈K팝 데몬 헌터스〉가 방영 1주일 만에 41개국에서 1위에 올랐단다. 뽀로로는 변함없이 온 세상 아가들 마음을 사로잡는가 하면 K 푸드가 지구촌 명품 먹거리로 거듭나는 것은 '우리만의 것'을 피땀으로 가꾸어 문화 영토를 개척한 눈물겨운 결과다. 배는 물 들어올 때 띄워야 한다.

무릇 새 생명의 탄생이 세포의 핵분열로부터 시작되듯 세상만사 분열分裂이란 더 큰 융합으로 가는 과정이라 보면 한류가 바람을 타는 작금의 '시절 인연'을 생각할 때 이제는 진정 '우리'로 뭉쳐야 하지 않을까.

오대환 | 『월간문학』 수필 등단(2021년), 『순수문학』 시 등단(2013년). 대표에세이, 한국문인협회, 광화문사랑방시, 필동인, 안양문협 회원. 수상 : 『중앙일보』 시조백일장 차하 입상(2020/2021), 영랑문학상시부문우수상(2014). 저서 : 수필집 『뒤돌아보면 눈에 밟히는 순간들』, 시집 『추운 날은 햇살이 곱다』, 『번개사냥』, 『아들아, 군대를 즐겨라』.

| 최고의 만찬 | 박소미 |

병아리는 밥 달라고
삐악삐악

암탉은 알았다고
꼬꼬댁 꼬꼬

수탉은 시끄럽다고
꼬끼오 꼬끼오

온종일 시끄러운
병아리 가족들
　　- 졸시「병아리 가족」

화창한 휴일을 맞아 청계광장에서 열리는 세계 음식 문화 축제에 참가하였다. 여러 가지 각국 음식들 앞에 수많은 사람들이 몰려와 문전성시를 이루었다. 그리고 노래와 춤 경연대회까지 그 열기를 더해 주었다. 각 나라 참가자들과 관람객들이 웅성대는 거리는 서늘한 바람이 불어 마른 잎들이 아스팔트를 뒹굴었고 각 나라별 국기가 걸린 하얀 천막 속에는 여러 가지 별미 음식들로 넘쳐났다. 내용물을 알 수 없는 빨간, 파란 음료수도 곁들어 팔고 있었다.

　알록달록한 달팽이 조형물이 뿌우뿌우 소리를 내며 응원가를 부르는 것 같다. 회색 동아일보 외벽에는 채널A 간판 앵커들의 현수막이 쉴 새 없이 펄럭인다. 맛깔스러운 음식들 앞에 크고 작은 냄비와 각국의 화려한 그릇도 나란히 전시해 놓았다. 종이컵에 앙증맞게 담긴 음식 맛을 보려고 많은 사람들이 줄을 길게 서 있고 그중에 터키 케밥 앞에 청춘 남녀들이 가장 많이 몰려있다. 다양한 꼬치 요리와 베트남 국수도 보인다. 사람들은 색색의 우산이 장식된 건너편 푸른 잔디밭에 앉았다. 넓은 광장에는 붉고 노란 우산 그림자가 낮게 드리운다. 이번 세계 음식 문화 축제에는 책도 무료로 대여해준다. 멀리 단풍잎이 주황빛으로 빛나고 천막 안에서 풍겨 오는 맛있는 음식 냄새가 가을 향기에 취해 코끝을 진하게 물들이고 있다.

　　　　　　　　가을밤 귀뚤귀뚤
　　　　　　　　시끄러운 울음소리

요기도 없고

저기도 없고

아무리 찾아도 없네

어느새 잠이 들어

아침 일찍 일어나 보니

몇 해 전에

벗어 놓은

엄마, 신발 안

귀뚜라미 한 마리

너도 엄마가

보고 싶었구나!

— 졸시 「귀뚜라미」

  날이 갑자기 어둑해지고 비가 곧 쏟아질 것 같다. 이런 날이면 밀가루 음식이 먹고 싶어진다. 우리 집에는 특별한 국수가 있다. 일명 어머니표 국수다. 입안이 심심하고 텁텁할 때 새콤달콤한 비빔국수가 아닌 담백한 어머니표 국수를 요리해서 먹는다. 나는 국수를 별로 좋아하지 않는다. 이유는 국수를 먹고 나면 소화 장애가 자주 일어나기 때문이다. 그러나 가족들은 국수 마니아다. 나와는 정반대 식성 때문에 외식할 때면 음식 메뉴를 선택하는데 다른 사람들보다 시간을 더 많이 보낸다. 그나마 어머니표 국수는 온 가족이 모두 좋아하는 메뉴이다. 그래서 주말이면 가끔 이 국수를 해 먹는다.

 손수 집에서 요리를 하니 번거롭고 귀찮지만 하는 방법이나 재료가 간단해서 빠른 시간에 쉽게 할 수가 있다. 재료는 오이와 달걀 소면만 있으면 끝이다. 조리법은 특별할 것도 없이 매우 간단하다. 먼저 고추장에 오이와 달걀 채를 볶고 마지막에 소면을 넣어 비비면 된다. 중간에 조미료만 조금 첨가하면 감칠맛이 난다. 이 국수는 시어머니께서 점심때면 가족들에게 자주 해주시던 음식이다. 보기에는 영 볼품없지만 몇 가닥 후르륵 넘기는 순간 담백한 맛에 금방 중독된다. 어머니의 지시에 따라 달걀을 두툼하게 부치고 오이를 굵게 채를 썬다. 요리 솜씨가 좋으신 어머니는 이것 외에 만두도 잘 빚으셨다.

 우연히 딸이 학교 근처 유명 만둣집에서 김치만두를 포장해 왔는데 어머니 만두 맛과 매우 흡사했다. 너무 깜짝 놀라서 만둣집 주인이 궁금해져 딸과 함께 찾아갔다. 가게 주인은 시어머니와 비슷한 연배였고 며느리와 같이 한쪽 주방에서 한 상 가득 만두를 빚고 있었다. 그 만두의 특별 비법을 묻고 싶었지만 선뜻 용기가 나지 않았다. 그래서 몇 번 망설이다가 만둣국과 찐만두만 한 접시 주문해서 먹고 나왔다.

시어머니께서는 국수나 만두 요리를 하실 때면 옛날에 국숫집을 차렸으면 지금쯤 많은 돈을 벌었을 것이라고 농담 삼아 말씀하셨다. 주위에서 손맛이 좋아 음식 장사를 하라고 부추기는 사람들이 많았다고 한다. 하지만 엄한 시아버지께서 극구 반대를 하셔서 집안 살림만 하셨다고 한다.

그 마음이 오랜 세월에도 미련으로 남으셨는지 비가 오는 날이면 이웃 아파트 주민들을 초대해서 여러 가지 부침개를 나누어 드시며 즐거워하셨다. 아파트에는 새로 이사 온 일본인 내외가 있었는데 어머니께 늘 고맙다는 인사를 하며 소소한 선물을 들고 자주 찾아왔다. 나는 신혼 시절 가끔 어머니를 도와 이웃 주민들에게 음식을 대접했다. 하지만 내심으로 별로 달갑지 않았다. 왜냐하면 살림을 처음 해본 새댁에게 이웃 사람들에게 음식을 대접하는 것이 무척 번거롭고 힘들었다. 이제 돌아가시고 나니 후회가 되는 것이 많다. 이웃과의 음식 나눔이 얼마나 즐겁고 재미있는 일인지 비로소 알게 되었다. 국수는 어깨너머로 전해 받았지만 만두 빚는 비법은 미처 전수받지를 못해 지금까지 후회가 된다. 혼자 만두를 빚으려 요리책을 보고 인터넷 검색을 해도 제대로 맛을 내기가 굉장히 어렵다. 그리고 비빔국수는 손맛이 제일인데 완전한 어머니표 국수 맛을 따라가기에는 아직도 무엇인가 많이 부족한 것 같다. 그래도 비슷하게 맛을 낸다고 가족들은 항상 격려해 준다. 간단한 방법이지만 왜 똑같은 맛이 나질 않는지 이유를 알 수가 없다.

오늘은 참기름과 설탕을 더 첨가해서 비빔국수로 저녁을 차린다. 아, 어머니께서 직접 해주신 국수가 생각이 난다. 작고 두툼한 어머니의 다정한 손이 뚝딱 도깨비방망이처럼 새빨간 국수와 푸짐한 만두를 금방 만들어 주시면 얼마나 좋을까. 나는 염치없이 벽에 걸린 사진 속 어머니를 바라보면 그냥 온화하게 웃고만 계신다.

박소미 | 『월간문학』 수필 등단(2021년), 『시문학』 시 등단(2020년), 『월간문학』 청소년문학 등단, 『시와 소금』 아동문학(동시) 등단, 수상 : 한국여성문학대전 최우수상. 저서 : 사화집 『우리 우체부 되어 다시 만나리』 외 다수. 대표에세이 문학회, 한국시문학문인회, 한국문인협회 회원.

추어탕 추·억·탕

손효선

"너 좋아하는 미꾸라짓국 끓여놨다".

주말 고향 가는 차 속에서 도착할 예정 시간 알렸더니 엄마가 한 말이다. 엄마 목소리는 시든 채소처럼 지쳐있던 나를 안아 일으키는 것 같았다. '너 좋아하는' 그 말에 마법처럼 말이다.

오래전 엄마가 떠난 날 정신없이 장례를 치른 후 일상으로 돌아왔을 때 맨 먼저 떠오르는 슬픔이 어이없게도 내 입맛의 허전함이었다. 이제 누구도 내가 좋아하는 음식을 기억해 주는 이가 없다는 사실이 왜 그렇게 눈물이 나는지 알 수 없었다. 가슴에 숭숭 구멍이라도 난 것처럼 찬바람이 들이쳤다.

추어탕은 엄마의 사랑이었다. 어릴 적 우리 집은 여느 농가처럼 채소 거리가 넘쳐나는 텃밭이 있었다. 마당 모서리 우물가에는 간이 부엌도 있었다. 가마솥 단지와 큰 나무 밑동으로 만든 도마 겸 둥그런 조리대는 한겨울을 제외한 우리 집의 반 부엌이었다. 유기농이라는 말조차도 없던 시절이었다. 우리 집은 초여름부터 늦가을까지 추어탕이

주 반찬 메뉴였다.

　날씨가 더워지기 시작하면서 5학년 오빠 손에 들려진 찌그러진 양은 주전자 속의 미꾸라지는 누르스름하고 토실했으며 세차게 파득거렸다.

　이때면 흰 머릿수건을 둘러쓴 엄마의 숙달된 손놀림이 시작되었다. 왕소금을 뿌린 이것들은 억세어진 호박잎으로 문질러 헹구면 뽀얀 속살처럼 깨끗이 씻긴다. 아궁이에 불을 지핀 후 달궈진 솥단지에 참기름 한 수저를 넉넉히 붓고 미꾸라지를 달달 볶은 후 끓인다. 그 후 푹 익어 흐물흐물해진 미꾸라지를 큰 국자 뒷부분으로 문지른 후 거름채반에 걸러 내렸다. 묽어진 국물이 펄펄 끓어오르면 차례차례 채소를 넣었다. 살짝 삶은 얼갈이배추 시래기에다 다진 풋고추, 홍고추, 채썬 호박잎을 넣고 끓인다. 그 뒤 추어탕 풍미의 정점인 부추와 애호박, 간 마늘을 듬뿍 넣고 마무리를 했다.

　바람 잘 통하는 우리 집 대청마루에 칠 벗겨진 둥근 상이 놓이고 식구들이 둘러앉는다. 펄펄 끓던 추어탕에 제피 가루 한 꼬집으로 추어탕 별미의 맛을 완성시킨다. 어린 나까지도 뜨겁단 말 하지 않고 후후 불어가며 국 사발을 비워내곤 했다. 더 달라는 말에 엄마는 튕기듯이 벌떡 일어나 마당으로 내려갔다. 뜨거운 국물로 다시 채워줄 땐 땀으로 얼룩진 엄마 얼굴에 흐뭇한 미소가 번졌다.

　시원하면서도 달짝지근하고, 그 맛을 표현하는 적당한 말 찾기가 지금도 힘들다. 또 추어탕 그 단어 속엔 '소박한'이란 말에도 못 미치는 어릴 적 가난한 우리 집 밥상도 보인다.

지금도 길을 걷다가 만나는 추어탕 간판은 내 마음에 잠깐씩 엄마를 불러내 오곤 한다. 당신이 떠난 후 내 좋아하던 그 맛은 아직 어디에서도 만나지 못했다. 사람들에게 첫사랑의 이미지는 평생 잘 지워지지 않는 아련함인 것처럼 내 입맛도 추억의 늪에서 여태껏 웅크리고 있나 보다.

추어탕은 내 어린 날의 놀이였다. 당시 미꾸라지 잡는 일은 남자아이들의 전유물이었지만 여자아이인 나도 자연스럽게 미꾸라지잡이 그 일에 열중한 적이 있었다. 중학교에 들어가면서였다. 초여름부터 늦가을까지 그 놀이에 빠져있었다. 허름한 바지에다 밀짚모자를 푹 눌러쓰고는 들판 사이 봇도랑이라 불리는 허벅지까지 올라오는 물속으로 들어간다. 수풀을 헤치며 발을 굴려 물결을 일으키며 고것들을 몰아간 후 도구인 싸리 바구니를 들어 올린다. 눈앞에서 파닥거리는 두세 마리의 미꾸라지는 한여름의 땡볕도 시간의 흐름도 잊어버리게 했다. 요즘 아이들이 게임에 심취하는 그것과 닮았다고나 할까. 그 시절 그 나이 친구들과는 많이 달랐던 내 모습이 떠오르면 나도 모를 미소가 지어진다.

추어탕은 내 고향 어린 날의 추억 모둠 상자였다. 미꾸라지 그 말속엔 어린 날의 고향 들판이 보인다. 구불구불한 논둑길, 그리고 논바닥엔 벼 포기 사이로 고등이 느릿느릿 기어다니고 있었다. 가을이면 누렇게 익어 고개를 떨구기 시작한 벼 여기저기로 메뚜기가 지천이었다. 아이들은 하교와 동시에 책가방을 던지고는 삼삼오오 들판으로 내달렸다. 집안일 돕기와 놀이가 적절히 버무려진 그들만의 일과로 떠들썩했으며 나 또한 그 속에 있었다. 논 고등, 메뚜기, 미꾸라지 잡는 아이들의 깔깔대는 소리가 초록색 생명들과 건강한 한통속이 되었다. 메뚜기 잡는 아이들은 빈 소주병을 들고 나선다. 심심찮게 두 마리를 한 방에 잡을 때도 있었다. 업고 있던 메뚜기다. 살금살금 숨소리까지 멈추고는 잽싸게 낚아채며 환호했다. 월척 낚시꾼처럼 말이다. 댓병이라고 불리는 4리터짜리 소주병에 가득 채운 메뚜기를 프라이팬에 볶으면 얼마나 고소하고 맛있는 간식이었는지 지금 생각만 해도 갑자기 군침이 돌 지경이다. 학원 뺑뺑이로 핸드폰으로 하루해가 저무는 요즘 아이들은 상상하기도 힘든 동화 같은 일이다.

생명이 스러져가듯이 이젠 사라지고 없는 것들, 다시는 오지 못하는 것들이 못내 아쉽고 아득하기만 하다. 흰 구름이 선명하게 돋보이는 파란 하늘, 가슴까지 깊게 스며드는 달콤한 바람, 농부의 땀이 흥건히 밴 그 들판은 꿈속같은 그리움이다.

손효선 | 『월간문학』 신인작품상 등단(2021년). 대표에세이 문학회, 솔샘문학회 회원. E-mail: shon5305@hanmail.net

무릇

이광순

　마당 한쪽 햇빛이 잘 드는 곳에 루콜라 씨앗을 뿌렸다. 루콜라는 키우기 쉽다기에, 쿠○에서 씨앗을 사 뿌려본 것이다. 얼마 지나지 않아 수북하게 싹이 올라왔다. 뿌린 씨앗이 모두 발아한 듯하다. 물만 주면 쑥쑥 자라 땅이 얼 때까지 루콜라 샐러드를 먹을 수 있었다.

　나는 요즘 루콜라 맛에 빠져있다. 쌉싸름하면서 입안 가득 번지는 풀내가 좋다. 누가 내게 어떤 음식을 좋아하는지 물으면 나는 음식 이름이 아닌 이러이러한 '맛'이 좋다고 이야기한다. 그리고 보니 요즘 좋아하는 맛은 대체로 약간 쓴 맛이 가미된 것들이다. 쓴맛은 맛 중에 가장 예민하게 느끼는 불쾌한 맛이지만 적당히 희석되면 오히려 입맛을 돋운다고 한다. 내 혀에서도 쓴맛이 있는 것을 먹으면 뒤에 약간의 단맛이 따라오는 느낌이 들어 맛있다고 느끼는 것 같다. 그래서 당귀나 쑥갓, 스위스차드, 신선초 같은 채소만 있으면 다른 반찬 없이 쌈으로 한 끼를 먹을 수 있다.

맛은 혀에 느껴지는 감각이기도 하고, 사물이나 어떤 현상을 보고 느끼는 감정이기도 하다. 이렇게 쌉싸름한 맛을 느끼면 어떤 음식이 연상이 된다. 어릴 때 먹어본 '무릇'이라는 음식이다. 사실 음식이라고 칭하기도 모호한 시장 좌판에서 사서 먹었던 것인데, 지금은 찾을 수 없는 음식이어서 더 무릇의 맛이 그리운 건지 모른다. 무릇을 기억하면 혀에서 느껴지던 달콤 쌉싸름한 감각과 함께 무릇을 먹을 수 있었던 시장의 풍경과 그 시간에 대한 그리움이 연상된다.

어린 시절, 엄마가 공덕 시장에 장을 보러 갈라치면 늘 따라나서곤 했다. 내가 살던 곳에서 시장까지는 꽤 먼 거리였다. 집 앞 골목을 빠져나오면 거기서부터 시장가는 길까지 넓은 신작로로 이어졌다. 그 길에는 이따금 차가 지나가기도 하는데 그때마다 흙먼지가 날려 입안이 버석거릴 정도였고, 뜨거운 여름날이면 어린 내가 걷기에 만만치 않은 거리였다.

그러나 시장에 가면 볼거리가 아주 많았다. 북적이는 사람들과 우마차도 볼 수 있고, 커다란 술통 같은 모양의 통을 빙글빙글 돌리면 통 아래에서 그 통하고 같은 모양의 작은 '아이스케키'가 툭하고 떨어지는 것이라든지 그밖에 한나절을 둘러봐도 다 못 볼 것 같은 진귀한 물건들이 나를 사로잡기에 충분했다. 좌판을 기웃대면서 손으로 만들어진 공예품을 구경하는 일, 팔려나온 강아지나 닭들을 만져 보는 일, 엄마가 물건을 사면서 장사꾼과 흥정하는 모습들은 참으로 재미있는 풍경이었다.

거기다 때로는 시장 옆 너른 공터에 서커스가 들어오기도 했다. 울긋불긋 휘장이 드리워진 텐트가 쳐진 공연장 앞에는 원숭이가 재롱을 부리고 있었고, 텐트 안에서는 음악 소리와 연기하는 사람들의 목소리가 어린 나에게 신비로운 환상에 빠지게 하였다. 한번은 이런 모습들에 취해 있다가 그만 우마차 바퀴에 왼쪽 발목을 치었다. 지금도 그 생각을 하면 발목이 시큰대는 것 같은데 그때는 다시 시장에 쫓아가지 못하게 될까 봐 엄마에게 아프지 않다고 거짓말을 하기도 했다.

시장에서 이런 풍경들의 맛도 좋았지만, 무엇보다 좋았던 것은 돌아오는 길에 엄마가 사주시던 군것질이었다. 그때 맛보았던 음식이 '무릇'이다. 그것의 씁싸름한듯하면서 달콤한 맛은 지금도 생생한데 이제는 어디서도 도통 찾아볼 수가 없다. 결혼하고 시댁에 잠시 살 때, 혹시 이곳은 시골이니 무릇이 있을까 싶어 시어머니한테 '무릇'을 아시는지 물었더니 고개를 갸우뚱하신다.

무릇에 대한 정보는 결국 인터넷에서 찾을 수 있었다. 무릇은 백합과의 여러해살이풀로 부스럼을 없애 주고 갈증도 멈추게 하는 약초의 일종이란다. 동의보감에 의하면 이뇨제와 가래약으로 쓰였다고 한다. 혹시 음식으로 먹는 방법이 있나 검색해 보니 나물로 먹기도 했다는데, 아마 내가 먹어 본 것은 무릇 조청이 아니었을까 싶다. 엿기름에 무릇 뿌리를 섞어 갈아서 삭힌 다음 그것을 은근하게 끓이고 졸여서 조청으로 만든다고 되어 있었다. 옛날에는 가을에 수확한 양식이 바닥나고 햇보리는 미처 여물지 않아 먹을 것이 없던 봄철, 보릿고개라 불리던 그때 무릇을 우려 쓴맛을 없애고 엿기름에 고아 끼니를 때우던 구황救荒 식물이기도 했단다. 보릿고개가 없어진 요즘은 채취하기도 힘들고, 조리도 까다로우니 거의 없어진 음식이 된듯하다. 무엇이든 구할 수 있다는 성남 모란장에 가서도 찾아보았지만, 그곳에도 없었다.

한동안 계속되던 시장 따라나서기는 학년이 올라가면서 중학교 입시 준비를 하느라 끝나 버렸다. 그 이후 다시는 맛볼 수 없게 된 '무릇'을 기억하면 그것이 실제 이름이었는지, 정말 먹었던 것인지, 시장에 대한 아련한 기억처럼 그렇게 아득하기만 하다.

어린 시절 먹던 그리운 음식의 맛과 냄새를 마주하면 옛 기억이 돌아온다는 연구 결과가 있다. 음식의 맛과 냄새는 풍부한 감각과 감정을 일깨우는 열쇠와 같아서 과거의 기억을 선명하게 떠올리게 하여 치매 환자에게도 도움을 줄 수 있다는 것이다.

나이가 들어가면서 어린 시절의 맛을 추억하는 것은 어쩜 무릇에 대해 모호해지는 기억을 붙잡으려는, 시장의 풍경과 그 시간에 대한 그리움을 붙잡으려는 잠재의식의 발로가 아닐까 하는 생각을 해본다.

이광순 | 『월간문학』 수필 등단(2020년). 수상 : 삶의향기 동서문학상. 한국문인협회, 대표에세이 문학회, 동서문학회 회원.

단골손님

강문규

　내가 직장에 다닐 때의 일이다. 당시 회사에서는 직원들의 화합과 단합을 위해 매년 추계 체육행사를 해오고 있었다. 주로 공설 운동장을 빌려 전 직원 체육대회를 하거나 대형 버스로 선진지 견학을 다녀오곤 했다. 그해는 사회적 여러 여건상 간소하게 시행하기로 했다.

　우리 부서는 체력 단련도 할 겸 합천군 가회면에 있는 모산재로 등산하러 가기로 했다. 정상 부근에 사계절 물이 마르지 않는 작은 못이 있는 고개라 하여 모산재라 불리는 산이다. 진주에서 약 41km의 거리로 40여 명의 직원들이 주거지별로 조를 편성하여 자율적으로 출발했다. 산행은 돛대바위, 모산재 정상, 순결바위를 거쳐 영암사지로 내려오는 약 2시간 정도 소요되는 코스다.

　모산재 주차장에 도착한다. 산 전체가 하나의 거대한 바윗덩어리 같고 들쭉날쭉한 기암괴석과 바위 능선이 병풍처럼 펼쳐져 있다. 다들 준비운동을 하고 산행을 시작한다. 초입부터 경사가 급하고 코가 닿

을듯한 암봉을 하나씩 올라간다. 등산로가 마사토라 조금 미끄럽지만, 곳곳에 밧줄이 설치되어 있다. 철제 사다리 위에 올라서니 돛대바위가 나온다. 암벽 아래로 저수지가 보이고 마을의 다랑논과 밭이 펼쳐진 파노라마 전망은 가히 환상적이다. 천하제일의 명당이란 무지개터를 지나니 해발 767m의 정상이다. 독야청청 거대한 바위틈에 뿌리를 내린 등 굽은 소나무가 한 폭의 그림 같다.

점심은 합천군 삼가면 삼가시장 입구에 있는 식육식당에서 하기로 했다. 주인이 직접 소를 도축하여 팔기 때문에 고기가 신선하고 가격도 저렴하단다. 산에서 하산 후 이곳에 도착하니 오후 2시가 넘어가고 있다. 식당 안으로 들어갔다. 점심시간이 한참 지난 시간이라 식당은 한산했다. 식당 주인에게 산에 갔던 우리 직원들이 이곳에 도착하는 대로 식사를 할 수 있게 준비해달라고 하고 빈자리를 찾아 앉았다.

산을 오르면서 땀을 많이 흘린 데다 옆 식탁에서 고기 굽는 냄새가 폴폴~~ 풍겨오니 갑자기 시장기가 확 돈다. 종업원이 질이 좋아 보이는 고기를 들고 오더니 가스레인지에 돌판을 올려놓고 불을 붙인다. 돌판이 달구어지자, 나는 비계로 기름칠을 한 다음 고기를 올려 굽는다. 배가 고팠던 참이라 그런지 한입 먹어 보니 담백한 맛과 씹는 식감이 좋고 맛이 꿀맛이다. 곁들어 술 한잔하고 나니 기분이 너무 좋다. 김치와 콩나물도 구워 먹으니, 별미다. 고기를 많이 먹어 밥이 먹힐까? 했는데, 뜨끈한 돌판에 된장찌개를 부어 지글지글 끓여 밥 위에 비벼 먹으니 다른 반찬이 필요 없다. 흔히 배가 불러도 '밥 배는 따로 있다'는 말이 맞는 것 같다.

　점심을 맛있게 먹고는 식당을 나왔다. 식사가 끝나는 대로 자율적으로 귀사하게 되어 있어 일행들과 함께 승용차를 타고 회사로 들어가고 있었다. 2차선 국도를 한창 달리고 있는데 한 10분쯤 지났을까, 트럭 한 대가 비상등을 깜박이며 우리 차를 추월하더니 갑자기 앞을 가로막아 선다. 가끔 시골 우시장에서 본 적이 있는 소를 싣고 다니는 트럭이다. 무슨 일인가 싶어 차를 도로 가장자리에 세우니, 한 남자가 트럭에서 내리는데 가만히 보니 식당 주인이다.

　나는 차에서 내려 왜 그러냐고 하니 그는 얼굴이 붉으락푸르락하며 식대 계산을 안 해주고 갔다며 나에게 버럭 화를 냈다. 그 말을 듣는 순간, 그 많은 사람이 비싼 소고기를 먹고 그냥 가버렸으니 얼마나 황당하고 당황했을까. 아니 얼마나 급했으면 소를 싣고 다니는 트럭을 몰고 뒤따라왔을까? 생각하니 충분히 이해가 갔다. 나는 정말 미안하게 됐다고 하면서 나의 신분을 밝히는 명함 한 장을 건네주고 즉시 그 자리에서 총무 담당 직원에게 전화를 했다. 그때서야 그 직원도 깜박 잊었다고 하면서 즉시 차를 돌려 식대 계산을 해주고 귀사하겠다고 한다.

　나는 다시 한번 본의 아니게 큰 실수를 하였다고 정중히 사과하니 식당 주인도 그제서야 고의가 아니란 걸 알고 서로 웃으며 헤어졌다. 그 이후로 나는 회사에서 주관하는 모든 행사에 항상 끝마무리를 확인하는 습관이 생겼고, 평상시에도 업무처리가 까다롭다는 얘길 종종

듣곤 했다.

　몇 년이 지난 어느 날 친구들과 합천군 대병면에 있는 황매산 철쭉제를 다녀오다가 이곳 식당에 들렀다. 정육 작업장 앞에서 고기를 썰고 있는 식당 주인을 보자, 트럭을 몰고 뒤쫓아 왔을 때의 모습이 떠올라 나도 모르게 웃음이 나왔다. 그이도 나를 알아보고 씨익 웃는다.

　식당 안으로 들어가 고기와 소주를 시켰다. 종업원이 고기를 가져왔는데 기름기가 약간 있는 것이 맛이 있어 보였다. 돌판에 고기를 구우려고 막 몇 점을 올려놓는데 식당 주인이 이거 한번 먹어 보라면서 고기를 바꾸어 준다. 내가 보기에도 뭔가 좀 다른 것 같다. 고기를 구워 먹으니, 육즙이 입안에서 줄줄 흘러 담백하고 고소한 맛이 장난이 아니다. 친구들이 다들 고기 맛이 일품이라고 한마디씩 한다. 예전 이곳 식당에서 있었던 추억의 에피소드 한 토막을 안주 삼아 소주잔을 비웠다.

　다들 경기가 안 좋다고 하지만, 이곳 식육식당에는 앉을 자리가 없을 정도로 손님이 많다. 어쩌다 집 가까이 있는 정육점에서 고기를 사 와서 구워 먹어 보지만 퍼석퍼석하고 영 식감이 별로다. 그런데 이 식당의 고기는 신선한 재료도 중요하지만, 두께와 결을 따라 썰어 주는 식당 주인의 기술이 한몫하는 것 같다. 그리고 아직도 나를 기억해 주고 반갑게 맞이해 주는 것이 어쩌면 주인의 영업 비결인가 싶지만, 그래도 무척이나 고맙다.

　요즈음은 소고기 가격이 워낙 비싸 감히 사 먹을 엄두를 못 낸다. 그렇지만 가끔 고기를 먹고 싶으면 차로 드라이브나 할 겸 그 식육식당을 찾아간다. 그곳에서 구이용 고기를 사 와, 먹을 만큼 소분하여 냉동실에 보관해 두었다가 술 한잔하고 싶을 때 안주 삼아 한 팩씩 꺼내 먹는다. 소고기의 부드럽고 고소한 맛에 길들여진 나는 삼십 년이 지난 지금도 이곳 식육식당의 단골손님이다.

강문규 | 『월간문학』 수필 등단(2022년). 한국문인협회, 대표에세이 문학회 회원.

박하사탕

정택영

　봄볕 따사로운 주말, 가톨릭문인협회 작가들과 이천시 모가면 어농성지를 찾았다. 녹음이 짙푸른 가운데 드넓은 잔디밭에는 신자들이 평화롭게 와서 박해받을 두려움 없이 믿음을 고백하고 순교자 묘역에 머리 숙여 경배한다. 수백 명의 신앙 선조들은 매를 맞고 피를 흘리며 죽어가면서도 끝끝내 천주님을 배신하지 않았다. 많은 순교자를 가진 한국 천주교의 독특한 태생 배경으로 성지는 늘 애잔하기만 하다.

　오솔길 양옆, 하늘로 솟은 나무들이 바람을 맞으며 조용히 숨 쉬고 있었다. 나는 카메라 뷰파인더를 들여다보며 그 정적의 숨결을 포착하려 애썼다. 그때였다. 수녀님 한 분이 잿빛 수도복을 입고, 마치 빛이 흐르는 듯한 걸음으로 오솔길 안으로 들어섰다. 그 순간, 저절로 손끝이 먼저 반응했다. 빛과 실루엣이 겹치며 그럴듯한 한 장의 장면이 기록되었다. 얼마 뒤 수녀님이 다가와 사진을 보더니 웃으며 말씀하셨다.

"안 그래도요, 걸어오며 누군가에게 프로필 사진을 부탁하고 싶었거든요."

햇살 아래 웃음을 짓는 그 얼굴이 내가 아는 누군가의 모습과 겹쳤다. 아, 안나!

문득 수녀가 된 안나가 궁금해졌다. 생각 주머니는 타임머신을 타고 오래전 고향으로 날아갔다. 대학 시절 성당에 출근하다시피 하며 교회학교에 봉사하던 그때, 피부가 백옥처럼 뽀얗게 빛나던 안나는 저학년 학생들을 맡아 가르쳤다. 그녀는 햇볕 아래 놔두면 금방이라도 쓰러질 것만 같은 창백한 얼굴이었다. 가끔 힘없이 배시시 싱겁게 웃던 표정이 내 기억 속에 박제되어 있다. 왠지 외롭고 가련하다는 느낌 속에는 어딘가 범접하기 어려운 신령한 힘도 깃들어 있었다.

안나가 나를 좋아했다는 확실한 근거는 없다. 혹시라도 그랬다면 미안하기 짝이 없는 마음이다. 그때 나는 삶의 목적과 방향을 찾지 못하고 방황하던 학생일 따름이었다. 어쩌면 부지런하고 열심히 봉사하는 교회 오빠로 비추어졌으리라. 난 분명 교회의 가르침을 따르려고 애썼던 순박한 청년이었지만, 제대로 반영되지 못한 자아와 희미한 정체성을 가지고 있었다.

교리 교사로 활동하며 서로 알고 지냈을 뿐, 안나의 부모님을 보았다거나 그녀가 자라온 배경을 들은 바가 없다. 그러던 어느 날, 그녀가 뜻밖에도 나를 집으로 초대했다. 자그마한 자취방, 스탠드 불빛 아래에는 작고 낮은 소반이 놓여 있었다. 접시 위에 하얀 박하사탕 몇 알이 굴러다녔다. 안나는 눈을 내리깔고 있고, 나는 어설픈 시선으로 그저 벽만 응시했다. 시간은 무겁게 내려앉았고, 사탕만 환하게 반짝였다.

"수녀원에 갈까, 고민하고 있어요. 오빠는 어떻게 생각하세요?"

그녀의 떨리는 목소리는 창밖을 지나는 바람 같았다. 망설이는 듯했지만, 이미 바람은 방향을 잡은 듯했다. 나는 수도회 제도를 잘 몰랐고, 조언을 내릴 만큼 아는 바도 없었다. 몇 마디 얼버무리는 동안 침묵은 더 깊어졌다. 나는 사탕을 까서 입에 넣었다. 박하의 화한 향이 혀끝에 퍼졌다. 몇 달 지나서, 안나가 수도원으로 갔다는 소식을 들었다.

무심히 몇 해가 흘렀다. 서울에서 직장 생활을 시작한 어느 날, 안나에게서 전화가 왔다. 그녀가 있는 수도원에서 능력을 인정받아 미국으로 유학을 떠난다는 소식이었다. 지방에서 출발한 버스가 강남터미널에 도착하는 짧은 틈에 잠시 얼굴을 볼 수 있을까, 조심스레 물었다. 나는 자유롭지 못한 사무실 소속이었다. 회사에서 서너 시간도 자리를 비울 수 있는 처지가 못 되었다. 꼭 만나보고 싶었지만, 시간을 낼 수 없었고 안나는 그날로 횡허케 한국을 떠났고 강산이 여러 번 바뀌도록 아무런 소식을 듣지 못했다.

선녀같이 착한 안나에게 어깨 넓고 돌쇠처럼 우직한 나무꾼 신랑이 나타나 오로지 그녀만을 품고, 그녀만을 생각하며 사는 장면을 상상해 본다. 그랬다면 좋았겠다 싶다. 하지만 다시 생각해 본다. 착하고 고운 여인에게 험하기 그지없는 세상일 수도 있다. 수도원은 어쩌면. 그녀를 지켜준 마지막 울타리였을지도 모른다. 세상 모든 욕망에서 멀리 떨어진 그곳에서 그녀는 곱디곱게 지내고 있을까.

안나를 지켜주고 책임진 곳은 수도원이었다. 정결, 순명, 청빈의 원칙과 수도자가 반드시 지켜야 하는 행동 강령이 있었으리라. 그녀는 고독하고 구속이 따르는 신의 세계로 소명 받았다. 경건한 믿음이란 무시무시한 박해에도 기꺼이 목숨을 내놓을 수 있어야 하는 법, 한번 내디딘 발길을 배신으로 치환할 수는 없다. 안나가 십자가를 지고 혼자 감내한 인고의 세월을 생각하니 가슴이 먹먹하고 목이 알싸해진다.

나는 '진리가 너희를 자유롭게 하리라.'는 예수님 말씀이 좋다. 자유를 좋아하는 만큼 속박은 견디기 어렵다. 우선 진리를 알아야 했다. 그녀도 심오한 진리를 알고 싶어 나처럼 좌충우돌 오랜 시간 번민하며 몸부림쳤을까? 창조론을 부정하는 리처드 도킨스를 읽었는지, 수도원에서 뛰쳐나와 저술가로 변신한 카렌 암스트롱을 탐닉했는지도 궁금하지만, 어쨌거나 몰라도 그만이다. 인간의 존엄성은 지식에 있지 않고 창조된 존재 그 자체에 깃들기 때문이다. 안나가 수녀원에 핀 순수한 백합으로 살고 있을지, 교계에 개혁을 청하는 가시 돋친 장미로 변신했는지 알 수는 없다. 다만, 나의 기도는 그녀가 혹여나 몹쓸 상흔으로 쓰디쓴 눈물 흘리지 않고, 본인이 택한 뜻을 다하길 바랄 뿐이다. 진리인 그리스도를 따라 생명의 길을 걷는 구도자의 거룩한 삶을 구현하고, 오늘 성지에서 만난 수녀님처럼 단단하고 환한 수도자가 되어 있다면, 그것만으로도 나는 감사하리라.

삶은 고달프고, 살다 보니 기어코 진흙탕물에 때가 묻는다. 재물을 취하고 분노와 좌절, 애증이 난무하는 세속에서 죄짓지 않고 살 수 있을까. 자식을 낳고 기르며 시련을 겪어보니, 내내 몸 건강하고 잠자리 편한 게 좋기만 하더라. 내 아들과 딸도 안나가 진로를 고민하던 그 나이가 되었다. 지금은 말할 수 있다. 진리와 행복은 거창하지 않고 지극히 평범한 생활 속에 소소하게 함께 있다는걸.

  만일, 사십 년 세월을 한순간 건너 뛰어, 수도복 입은 안나 수녀를 만난다면, 서로를 알아보기나 할까. 눈가 주름에 새겨진 세월, 그러나 내면은 조금도 변하지 않았다는 생각이 든다. 기회가 된다면, 그녀의 마음이 조금도 다치지 않았기를 바라며 조용히 묻고 싶다. 그날, 접시에 올려놓은 박하사탕을 기억하는지. 서울에서 못 보고 헤어진 날, 어떤 마음이었는지….

정택영 | 『월간문학』 신인상 등단(2022년). 한국문인협회. 한국문협 구로지부, 수필문학작가회 회원, 대표에세이 문학회 회원. E-mail : edward40@daum.net

우리 집 소울 푸드

류순희

눈에 넣어도 안 아플 손녀들이 내일 온단다. 만두 빚을 준비를 해야겠다. 우리 집은 반가운 손님이 오거나 생일이 되면 상에 만두를 올린다. 만두는 아버지의 두고 온 고향에 대한 그리움과 절절한 사랑이 담긴, 지켜야 할 유산 같은 음식이기 때문이다. 아버지는 6·25 전쟁 때 작전을 나갔다가 다시 들어가지 못하고 홀로 남쪽에 남게 된 실향민이셨다. 북녘땅에 부모 형제 친척들을 다 두고 온 아버지는 늘 고향 땅, 부모 형제와 고향 음식을 그리워하셨다. 고향 음식 중에서도 고향 이야기가 듬뿍 담긴 만두를 각별히 좋아하셨다

 어릴 적 만두를 하는 날이면 우리 집 부엌은 큰 솥에서 국물 끓는 김이 모락모락 피어오르고, 방에서는 온 가족이 큰 상에 둘러앉아 만두를 빚느라 왁자지껄 이야기꽃이 피어났다. 아버지는 밀가루를 반죽해서 만두피를 얇게 밀고 엄마가 잘게 다져 놓은 만두소 재료를 물기 없이 꽉 짜내는 힘쓰는 일을 해주셨다. 우리 남매들은 주전자 뚜껑이나 스테인리스 밥공기를 꾹 눌러 동그란 만두피를 오려 내는데 오리기

쉬운 곳을 찾아 누르느라 서로 눈싸움이 치열했다.

만두피와 소가 다 준비되면 소가 담긴 양푼이 주위에 모두 둘러앉아 만두를 빚기 시작한다. 예쁘게 빚는 사람은 예쁜 아기를 낳는다고 하니 서로 예쁜 만두를 만들려고 오므린 입술 밖으로 혀끝을 쏘옥 내밀고 소가 삐져나올세라 피를 조심조심 오므려 만두를 빚었다. 모자를 쓴 아기 얼굴처럼 귀엽고 앙증맞은 만두가 줄지어 상 위에 누워 있었다.

만두를 빚을 때면 아버지는 고향 이야기를 들려주셨다. 냉장고도 없던 시절 엄동설한에 만두를 처마 밑에 꽁꽁 얼려서 겨울 내내 먹을 수 있었다 하셨다.

"쨍한 동치미하고 같이 먹으면 그 만두 맛이 햐! 그저 그만이었디!" 아버지는 만두 이야기만 나오면 어찌나 신명 나게 하시던지 추운 겨울 고드름처럼 처마에 매달린 만두가 눈앞에 보이고 쨍하는 얼음 소리가 들리는 것 같았다.

혈혈단신 당신의 분신인 가족들을 끔찍이 사랑하셨던 아버지라는 울타리 안에서 자신의 욕심이나 고집을 버리고 가족을 위해 하나가 되어 살아가던 우리 집의 행복한 모습은 아버지의 소울 푸드 만두와 똑 닮아 있었다. 잘 익어 색이 곱던 김치는 잘게 썰어지고 국물도 다 짜버려 너덜너덜한 모습이 되고, 싱싱한 잎을 자랑하던 부추도 잘게 썰어져 가루처럼 뿌려지고, 꼿꼿하던 당면도 끓는 물에 삶겨 흐물흐물 잘게 다져지고, 네모반듯하게 잘생긴 두부도 다 짓이겨지고, 모든 재료들이 잘게 부서져 함께 버무려지면 맛있는 만두소가 된다. 우리 집 만두피는 아버지의 구수한 고향 이야기로 반죽되고 애틋한 사랑으로 얇게 밀어져 쫄깃쫄깃하고, 만두소에는 어머니의 헌신적인 수고와 포근한 미소, 어린 네 남매의 재잘거리는 웃음소리가 들어있어 언제나 특별히 맛있었다.

만두는 우리 부부의 연을 이어준 고마운 음식이기도 하다. 결혼 전 처음으로 예비 시부모님께 인사를 드리러 갔을 때 내가 만둣국 한 그릇을 맛있게 다 먹는 걸 보고 "만두를 맛있게 먹는 걸 보니 우리 집 식구가 되려나 보다."하며 내 손을 꼭 잡아주셨다. 나중에 들은 이야기로는 내 손을 어머님이 잡아주시면 마음에 들어 결혼을 허락한다는 뜻으로 약속이 되어 있었더란다. 그럼 내가 만두를 맛있게 다 먹지 않았으면 그 집 식구가 안 됐을까? 어머님이 내 손을 잡아 주시지 않았으면 우리 부부의 인연은 맺어지지 않았을까? 지금은 천국에 계신 어머님께 물어보고 싶다.

실향민 가족끼리 만나게 된 우리 결혼 상견례도 독특했었다. 멋진 호텔 레스토랑도 아닌 이북 음식 전문 식당에서 처음 만났는데 양가 부모님들은 오랜만에 만난 친구들처럼 고향 음식 이야기와 추억담으로 시간 가는 줄 모르고 우리 결혼 이야기는 뒷전이었다. 우리는 부모님 황해도민회에 따라온 자녀들같이 꿔다 놓은 보릿자루가 되어 이쪽 저쪽 눈치만 보며 만두만 떠먹고 있었다.

우리 집안의 역사이자 유산이 된 만두를 내일 손녀들에게 맛있게 만들어주고 싶다. 이젠 만두피를 밀어줄 아버지도 안 계시니 마트에서 기성품으로 나온 만두피를 사고, 곱게 만두소를 다져줄 엄마도 안 계시니 팔 힘 좋은 남편이 소를 만들어 준다. 손녀 바라기 남편은 손녀들이 온다면 두 팔 걷어붙이고 만두소를 만든다. 손이 커서 만두 빚는 일이 제일 힘들다는 남편에게 내 작은 손으로 60년 동안 숙련된 만두 빚는 솜씨를 자랑해 볼 참이다. 손녀들도 나처럼 만두 좋아하는 실향민 집안으로 시집을 가려는지 늘 만두 한 그릇을 뚝딱 해치우니 여간 기특한 게 아니다. "너희들이 만두를 맛있게 먹는 것만 봐도 우리는 배부르단다." 하시는 듯 부모님은 액자 속에서만 빙긋이 웃고 계신다.

류순희 | 『월간문학』 수필 등단(2022년). 경북여고, 경북사대 졸업. 전 영어교사. 한국어 강사. 현)한국동화구연지도사협회 이사.

생강의 맛

방용호

김치에서 생강 토막을 집어내어 씹어본다. 반갑고 흐뭇하다. 씹을수록 깊고 오묘한 맛과 향으로 입이 즐겁다. 참 웃기는 일이다. 어쩌다 생강을 씹게 되면 소스라치며 뱉어버렸던 어릴 적 모습이 떠올랐다. 실수로 그만 삼켰을 때의 그 처절한 좌절감을 아직도 생생히 기억한다. 그만큼 생강은 먹어서는 절대로 안 되는 혐오식품이었고, 이런 것을 음식에 넣은 어른들을 이해할 수 없다고 도리질을 쳤다.

씹을수록 생강의 맛이 달콤해진다는 것은 어른이 되었다는 것이다. 맵고 쓰고 떫은맛이 거칠게 섞인 것에서 몸에 이로운 맛을 감별해 내는 미감이 생긴 것이다. 빨리 어른이 되고 싶어 미성년을 벗어나자마자 어른 대접을 해 달라고 하니 어르신들은 결혼을 해야 한다고 했다. 결혼을 하자 아이를 낳아야 한다고 했다. 옛사람들이 부여했던 어른의 기준인 셈이다. 어른이 된다는 것은 나 아닌 타인을 내 삶의 영역으로 받아들이고, 나 아닌 생명체를 위해 희생하는 시간을 감내해야 한다는 의미였을 것이다.

　혼잡한 버스에서 네 살쯤 된 아이가 엄마의 바짓가랑이에 매달려 같은 말을 반복적으로 오물거리며 쉴 새 없이 보챘다. 자세히 들어보니, '앉아서 간다고 했잖아.'였다. 교통약자석에 앉아 있던 여자도 마침내 그것을 인지했는지 아이를 이끌어 자기 자리에 앉혔다. 그러자 그때까지 다소곳이 서 있던 두어 살 더 먹어 보이는 언니가 동생의 자리를 넘보며 다가왔다. 여자는 언니를 동생 옆에 앉혔다. 동생은 두 다리를 뻗대며 생떼를 쓰기 시작했다. 서로 안 밀리려는 실랑이가 벌어지는데 앞자리의 할아버지가 너는 여기 앉으라며 엉거주춤 일어섰다. 언니는 재빨리 그 자리에 앉았다.
　아이에서 어른으로 넘어가는 경계에 이런 이기심이 있는 건 아닐까. 두 아이의 이기심은 솔직해서 순수하다. 버스에서 내리면서도 웃음을 참지 못했을 정도로 귀엽고 사랑스럽기까지 하다. 하지만 그 경계를 넘어서고도 여전히 그곳에 머물러 있다면 추해 보인다. 갈수록 편리해지는 생활에 비해 삶은 점점 더 메말라 가고, 점점 더 불확실성이 커지는 미래 앞에 무작정 던져진 느낌이 드는 것은 우리 삶에 드리운 이기심의 그늘 때문일 것이다.

　한 세기 전 루카치는 『소설의 이론』에서, 별을 바라보며 길을 찾을 수 있었던 시대가 행복했다고 했다. 중학생이 되고 첫 여름방학, 지금의 작은 TV만 했던 라디오를 켜놓고 팔베개를 하고 멍석 위에 누워 루카치의 별들을 초롱초롱하게 바라보면서 별똥별이 떨어질 때마다 소원을 빌었다. 상상 속에서 가슴 뛰게 아름답고 낭만적인 소망이 무르익어갈 무렵, 라디오는 정규 방송의 흐름을 끊고 영부인께서 괴한의 총에 피격당해 운명했다는 소식을 전했다.

  나는 벌떡 일어나 어둠으로 둘러싸인 마당을 두리번거리며 머릿속에서 쉽게 만들어지지 않는 질문들을 던져댔다. 라디오는 어린 나를 가르치듯 8.15 기념식에서 경축사를 낭독하는 대통령의 음성과 도중에 갑자기 튀어나온 총소리를 되풀이하여 들려줬다. 내가 바라보던 아름다운 별빛과 전혀 어울리지 않았던 총소리의 여운은 앞으로 내가 살아갈 세상이 결국 이 두 가지의 모순으로 이루어진 곳임을 예고한 것이었다. 루카치가 살아온 시대, 인류는 거대한 전쟁을 일으키며 과연 선은 악을 이길 수 있는가,라는 질문을 끊임없이 던졌다. 그 질문은 문명의 진화와 상관없이 지금도 여전히 진행 중이다.

  수많은 별들이 모여 있는 은하계처럼 한 사람의 가치는 혼자 있을 때보다 함께 있을 때 더 빛난다. 인성은 곧 인간관계라는 말이 이를 증명한다. 그러기에 꽃보다 아름다운 사람이란 아무에게나 붙이는 수식이 아니다. 자기를 둘러싼 환경과 조화를 이루면서 그 세계를 좀 더 나은 곳으로 이끌어가는 사람에게 어울리는 말이다. 그날의 총소리처럼 한 세계를 파괴하는 것이 아니라, 그날의 별빛처럼 아이들에게 희망을 주는 사람이다. 아니 적어도 자신의 몸이 드리운 그림자의 방향을 아이들에게 정직하게 가리킬 수 있는 사람이다.

나는 요즘 흉악한 범죄를 저지르는 어른들도 두렵지만, 아이들이 빤히 보는 앞에서 빨간 신호등을 버젓이 건너는 어른들을 볼 때도 두려움을 느낀다. 순간적으로 숨을 멈춘 횡단보도에는 그들의 표정과 의연한 걸음에서 묻어나는 어떤 확신이 전류처럼 흐른다. 뭐가 그리 당당하십니까? 쫓아가 이렇게 질문하면 여긴 신호등을 세우지 않아도 되는 곳이라며 아예 기준 자체를 바꿔버릴 것 같다. 요즘 세태가 꼭 그렇다.

멀쩡해 보이는 어른들이 자신이 믿고 싶은 대로 만들어낸 해괴한 근거를 투우사의 붉은 천처럼 휘두르면서 이미 정립된 사실이나 역사를 아전인수 격으로 뒤엎는 현상이 날로 심각해지고 있다. 심지어 학교school라는 이름으로 어린 세대들에게까지 영향을 미치고 있다고 하니, 그 속에 어떤 이기심이 도사리고 있는지 궁금하다. 내 집 마련도, 아기 낳기도 어렵다고 아우성인데 분열마저 대물림하고 싶은 걸까. 확신은 포용과 통합의 가장 큰 적이라는 말은 어른들이 빠지기 쉬운 생각의 고착화를 경계한 것이다. 과도한 신념은 언제나 무섭다. 바람에 흔들리지 않는 죽은 나무 같다.

다큐 영화 〈어른 김장하〉를 보며 '어른'이라는 말의 무게를 가늠해 본다. 그 어른은 돈은 똥과 같아서 모아놓으면 악취가 진동하지만 밭에 골고루 뿌려놓으면 좋은 거름이 된다면서 자신이 독차지할 수 있는 부를 거침없이 나눴다. 나는 두 주먹을 몸에 붙이고 어깨를 십 도쯤 굽히고 땅에게 충격을 주지 않으려는 듯 사부작사부작 걷는 그 어른의 걸음걸이에서 호모사피엔스로 진화하기 이전의 인류의 모습을 상상했다.

그 어른에게서는 왠지 문명의 손길이 범접할 수 없는 원시의 순수성이 느껴진다. 때 묻지 않은 아이 적 세계야말로 어른들 가슴 속에 늘 그리움으로 고여 있는 고향 같은 것이 아닐까. 맹자도 갓난아이 때의 마음, 즉 적자지심赤子之心을 잃지 않은 자가 대인이라고 했다. 어린 내가 바라본 별과 같은 이런 어른들이 많아질수록 무분별한 이기심이 만들어낸 경쟁의 질곡에 빠져 생기를 잃어가는 아이들의 삶을 복원하고, 장차 그 아이들이 만들어갈 아름다운 미래도 약속할 수 있을 것이다.

늙어서까지 자기중심성에서 벗어나지 못하는 어른은 세상을 슬프게 한다. 어른이 되었다는 것은 생강에서 단맛을 찾아내는 미감의 성숙을 넘어 사물과 현상을 깊게 들여다보면서 세상에 이로운 것과 해로운 것을 가려내는 지혜를 지니게 됐다는 의미와도 같을 것이다. 나아가 나를 나 아닌 것들의 배경이 되게 하고, 내 삶의 중심이 나를 떠나 남으로 옮겨가는 소리를 듣는 그런 순간이 온다면 나는 기꺼이 해방감을 느낄 것이다. 조금이라도 손해를 보게 되면 자아의 중심이 무너져 내릴 것 같은 불안감, 빼앗긴다는 데 대한 두려움은 사라지고, 비로소 무한한 마음속에서 훌훌 자유로울 수 있을 것 같기 때문이다.

  그 어른의 선한 영향력 앞에서 작아지는 나를 바라본다. 내 자식들이 닮고 싶은 사람, 나아가 젊은이들이 닮고 싶은 사람, 그런 사람이 어른이고 그런 어른이 되고 싶은데 쉽지가 않다. 그저 세상의 질서를 어지럽히는 소음을 내지 않고, 작은 시민으로서의 책임과 역할을 조용히 해내는 것만으로도 어른이라는 자격을 주었으면 하고 바랄 뿐이다. 혹시 지금의 아이들이 동시대를 살아가는 나와 어른들을 나의 어린 시절 생강처럼 느끼고 있는 건 아닌지, 새삼 그 맛을 곱씹어 본다.

방용호 | 『월간문학』 수필 등단(2023년). 협성독서왕 본상(2022년). Email: fogbang@hanmail.net

엄마와 고구마

우윤문

나의 고향은 고구마 주산지다. 식구가 많고 먹을거리는 넉넉하지 않았던 시골집에서 고구마는 감자, 옥수수와 함께 저녁밥을 대신하기도 했다.

싸리나무를 엮어 만든 둥그런 발 안의 고구마는 겨우내 윗방 한구석을 차지했다. 설탕이 귀했던 시골에서 달달한 맛의 으뜸은 화롯불에 구워 먹는 고구마다. 요즘처럼 호일에 싸서 굽는 게 아니어서 겉면은 까맣게 타고 재가 묻어났다. 뜨거운 고구마를 호호 불어 가며 껍질을 벗겨내면, 하얗게 피어오르는 김 사이로 드러난 샛노란 속살의 모습은 생각만 해도 군침이 넘어간다.

할아버지 방의 화로는 특별히 장작을 때고 난 숯불로 화력이 강해 그곳에 구워 먹는 맛이 좋다. 엄마는 고구마를 구우면 화롯불의 수명이 짧아진다고 말렸지만 어른들 몰래 구워 먹는 맛은 긴장감까지 더해져 최고의 달콤한 맛을 자아냈다.

봄이 되면 낮고 긴 비닐 온상에 고구마를 심어 싹을 키운다. 적당히 자라면 전지가위로 싹을 자르고 식구들이 모여 앉아 고구마 싹 백 개를 한 단으로 묶어 5일 장에 내다 팔았다. 내가 숫자를 세기 시작하면서 시작된 고구마 싹 세기는 호롱불 아래 잔잔한 추억으로 남아 있다.

세월이 흘러 흘러 막내딸인 나도 결혼한 지 여러 해가 지났다. 큰아이가 초등학교에 막 들어가고 나도 회사에 다니면서 바쁘게 일하던 오후다. 둔촌동으로 고객을 만나러 가는 길에 핸드폰이 유독 요란하게 울린다. 충주에 사는 언니다.

"막내야, 엄마가 쓰러지셨다. 지금 건대 병원에서 응급수술을 하셨는데 의식이 없으시다."

별안간 전해진 소식에 어안이 벙벙하고 정신이 혼미해졌다. 가슴이 쿵쾅거리고 다리가 후들거린다. 부랴부랴 시골로 내려가면서 무식한 나는 수술했으니 곧 좋아질 거라는 실낱같은 희망을 염두에 두었다.

중환자실에 누워있는 엄마를 보니 가슴이 미어진다. 엄마는 결혼 후 시부모님을 모시고 여섯 자식과 시동생, 시누이는 물론 조카들까지 학교에 보내며 건사했다. 어른이 계신다고 일요일이면 손님이 끊이지 않았고 방학식 다음 날 와서 개학 전날 떠나는 고정된 사촌들도 있었다. 어린 나이인 나는 외딴집에서 친구가 생겨 좋았지만, 엄마는 열 명 웃도는 대식구를 챙기느라 손에 물 마를 시간이 없었다. 농사철은 엄마 몸에서 단내가 날 정도로 바쁘게 일하신다. 조그만 손으로 집안일을 거들어 보지만 엄마가 쉬는 것을 보지 못했다.

아버지와는 어른들의 약속으로 결혼하였다. 한국 전쟁 전 혼삿말이 오갔는데 전쟁이 나자 아버지는 전쟁터로 나갔다. 잠시 휴가를 받아 집에 왔는데 그때 결혼을 했다. 요즘 같으면 있을 수도 없는 결혼을 한 것이다. 생과 사가 갈리는 치열한 전쟁터에서 살아온다는 보장이 없는데 어찌 그런 일이 있었는지 이해가 안 된다. 엄마는 아버지 없는 집에서 3년 동안 시집살이를 하니 다행히 전쟁이 끝나서 아버지를 다시 볼 수 있었다.

엄마는 양반집 맏딸이었다. 가부장적인 집으로 시집와 살면서 큰 목소리를 내지 않았다. 우리 집은 유교적인 집안이라는 너울 아래 효를 강조했다. 엄마는 어른들의 말씀을 거역하는 일은 물론 낯빛이 변하는 날도 없었다. 불같은 성정의 아버지와 수십 년을 살면서 다투는 일이 단 한 번도 없었다. 모든 부부는 우리 부모님처럼 안 싸우고 사는 줄 알았다. 아니, 결혼하면 여자가 무조건 참고 사는 것으로 학습되었는지도 모르겠다.

바보처럼 참기만 하는 엄마가 안타깝기도 했지만 답답했다. 그래서 엄마에게 짜증을 냈다. 사춘기가 한창인 초등학교 육 학년 무렵, 산골짜기 외딴집에 사는 우리 집이 너무 초라해 보이기 싫었다. 동네 한가운데 살면 친구들과 날이 저물도록 놀뿐 아니라 학교도 같이 다녀 좋은데 혼자 떨어지니 심술이 났다. 아침밥을 먹다가 괜히 엄마에게 트집을 잡았다.

"엄마, 우리는 왜 이렇게 산골짜기에 살아, 엄마는 여태 살면서 변변한 집 살 돈도 못 모아 이런 곳에서 사는 거야?"

엄마는 말없이 눈물을 떨구었다. 그 모습을 아직도 잊을 수가 없다. 엄마에게 미안한 마음이 있었지만 알량한 자존심에 용서를 구하지 못했다.

아버지가 항암치료를 받느라 엄마와 함께 우리 집에서 3개월을 지냈다. 네 살 된 아이를 돌보고 부모님 챙기면서 잇따른 손님맞이가 너무 힘들었다. 나도 모르게 엄마 앞에서 공연히 어린 아들을 야단쳤다. 그 모습에 엄마가 눈물을 훔치던 모습이 지금도 눈에 선하다. 아직 엄마에게 어떤 사과의 말도 못 했는데 엄마는 삶이 너무 고단했는지 침대에 누워만 계셨다.

엄마는 옆 동네 농장의 고구마 싹 자르는 부업을 갔다가 변을 당했다. 고혈압 약을 복용했는데 관리가 제대로 안 됐는지 아니면 비닐하우스 안이 너무 더워 몸에 순간적인 변화가 생겨서인지 갑자기 쓰러졌다. 시골 어른들이 손을 쓴다고 했는데도 골든 타임을 놓친 후 병원에 도착했다. 긴 수술 시간이 끝나고 한 달이 다 되어갈 즈음 눈을 떴다. 의식은 있었지만 언어 장애가 와서 말씀을 못 했다.

엄마가 쓰러지고 한동안 고구마는 쳐다보지도 않았다. 고구마 싹 자르다가 힘들어진 엄마를 보니 원수 같았다. 어릴 적 그 맛있던 고구마는 사라지고 팍팍한 고구마만 내게 남았는지 꼴도 보기 싫다.

법 없이도 살았던 엄마는 동네 사람들의 칭송을 받으며 효부상을 받았다. 하지만 본인의 희생이 산처럼 커서인지 말년을 병상에서 십년 넘게 누워 계셨다. 그 가운데 엄마의 선한 눈망울, 부드러운 미소는 주위 사람들을 오히려 위로했다. 엄마 옆에 가만히 누우면 포근한 엄마의 마음이 전해져 잠이 수많은 별처럼 쏟아졌다. 엄마를 간호한 것이 아니라 깊은 숙면으로 내 몸과 마음이 치유되었다.

  살면서 힘들거나 몸이 아프면 엄마가 더 그립고 생각난다. 오늘따라 자애로운 엄마가 가마솥에 굽다시피 쪄 준, 밑바닥이 살짝 타서 눌어붙은 뜨끈한 고구마가 먹고 싶다.

우윤문 | 『월간문학』 수필 등단(2023년).

토마토 스크램블 에그

이혜정

따뜻한 분위기의 식탁 앞에 어린 아들과 부부인 듯한 가족이 식사하고 있다. 카메라는 그들의 다정한 모습을 천천히 줌인 한다. 화면 속 여자가 밝게 웃으며 말을 건넨다.

"다시 만나는 광경을 수천 번이나 상상했어."
"세상이 무너질 줄 알았지."
"극도의 슬픔으로 가득 찰 줄 알았어."
"그런데 다시 이렇게 평범하게 만날 수 있다니."

남자가 조용히 대답한다.

"오랜 시간 동안 나를 용서할 수 없었어."
"내가 너무 차가웠고, 무관심했지."
"너의 삶에 내가 없다는 사실에 질투가 났던 거야."

그는 토마토 스크램블에그에 스푼을 집어넣으며 중얼거린다.

"탄징, 너에게 사람은 곧 사랑이었지."

중국 드라마 금생유니今生有你 속 장면이다. 파란만장한 운명을 이겨 내고 숙명처럼 다시 만난 두 연인이 식탁 앞에서 담담히 서로의 마음을 확인한다. 여주인공은 홀로 아이를 낳고 키웠다. 입덧 심할 때마다 속을 가라앉혀 주던 음식은 '토마토 스크램블에그'였다. 밋밋해 보이는 그 음식은 그녀가 가장 행복했던 시절의 밋밋하지 않은 추억이었다. 연인과 함께했던 식탁을 상기시켰고, 삶의 고비에서 기운을 북돋아 주었다. 바닥에 떨어질 때마다 조용히 곁을 지켜주는 수호신처럼 어디에서 묻었는지 모를 쾌쾌함을 덮어주었다. 부드럽고 따뜻한 색조는 찰랑찰랑 울렁이는 마음을 잦아들게 했다.

나의 토마토 섭취 방식은 갈아서 주스로 먹거나 큼직하게 썬 토마토에 설탕을 살짝 뿌려 먹는 것이다. 달콤한 드라마 같은 나만의 방식을 고수해 왔다. 〈금생유니〉를 보고 나서 주방으로 향했다. 팬에 올리브기름을 두르고 토마토와 달걀, 소금 한 꼬집 대충 뿌려서 볶은 요리를 식탁에 올렸다. 결과는 뜻밖의 대만족이었다. 왜 지금껏 이 음식을 먹지 않았을까.

'토마토가 빨갛게 익으면 의사 얼굴이 파랗게 된다.'라는 유럽 속담처럼, 잘 익은 토마토는 건강에도 좋다. 붉은색을 내는 리코펜은 노화를 촉진하는 활성산소를 몸 밖으로 제거한다. 그뿐만 아니라 항암 효과도 있다. 카로틴은 눈과 뼈 건강에 이롭고, 루틴은 혈압을 낮춘다. 피로 해소와 두뇌 발달을 돕는 성분까지 갖춘 토마토는 그야말로 완전식품이다.

평소 자극적이고 매운 음식을 즐긴다. 입안을 얼얼하게 하는 매운맛의 캡사이신은 중독될 수밖에 없을 정도로 매혹적이다. 이런 자극은 자기 알리기와 변명에 쉬지 않고 움직여야만 했던 혀를 마비시켜 강압적인 휴식을 유도하기도 한다. 나 또한 그러한 순간의 고통이 스트레스를 해소한다고 믿고 있다. 아이들도 외면하는 초코파이는 속이 텅 빈 듯한 허기를 충전하기에 적당하다고 생각했다. 삶의 쓰디쓴 맛의 돌기가 버티고 있을 때마다 단맛을 풍기는 위로의 식탁으로 도망치곤 했다. 그렇게 짜고 달고 매운 음식들이 내 삶을 지배했다. 맛의 강도가 점점 강해질수록 미각은 무뎌지고, 섬세하고 자연스러운 맛을 잃어간다. 강한 성취욕과 인정욕구에 중독된 삶도 판단의 미각이 무뎌질 수 있다. 평범하고 자연스러운 삶의 아름다움을 잃을 수 있다는 생각이다.

'악마의 맛'이라는 자극적인 맛에 익숙해진 입처럼, 나 역시 다발성 자극 증후군의 시간을 살고 있다. 더 이상 신선도가 떨어진 재료처럼 순수의 맛에서 멀어져가는 나를 돌아보며 담백한 음식으로 미각을 단련해야겠다고 마음먹고 있었다. 바로 그때, '토마토 스크램블에그'가 찾아왔다.

단순하지만 진심 어린 맛, 마치 이유식을 처음 맛보는 아기처럼, 나는 그 음식 속에서 낯선 설렘을 느꼈다. 조용히 스며드는 맛은 결코 쉽게 질리지 않는다. 이 믿음을 주는 잔잔함은 생수처럼 강하고 자극적인 것들을 씻어냈다. 얼얼해진 입안에서 느끼는 긴 침묵, 그것은 휴식이고 평온이다. 열정적으로 달렸던 몸과 마음도 결국에는 휴식이라는 생수를 마셔야 원상으로 돌아올 수 있다는 걸, 이제야 알 것 같다.

미지근해진 열정의 맛을 배운다. 속삭이듯 오래가는 매력, 특별히 노화를 희석하는 '러브 애플', 토마토 요리와 다시 사랑에 빠지려 한다. 드라마 속 주인공들처럼 다시 시작하는 사랑은 더 이상 맵거나 짜지 않을 것이다. 진한 자극에서 벗어나, 한 걸음 물러나 익숙한 것들의 깊은 울림을 맛보는 시간, 사람이 사랑이 되는 시선으로 주변을 둘러본다. 차갑게 식혔던 시간 버튼을 누른다. 내 삶의 최종회, 마무리를 남겨둔 드라마가 켜지고 있다.

이혜정 | 『월간문학』 수필 등단(2023년). 『시현실』 시 등단(2022년). 이화여대 서양화과, 방송통신대 국문과 졸업. 중앙대 예술대학원 문예창작 전문가 과정 수료. 수상 : 최충문학상, 동서문학상. 한국문인협회, 광명문인협회, 한국미협 회원. 개인전 9회. E-mail : eins7474@naver.com

토란

김현미

토란대를 자른다.

고춧대도 거둬지고 들깨대도 베어진, 초록을 잃은 빈 밭 구석을 푸르게 채워주던 작물이었다. 몽둥이처럼 굵은 토란대는 낫에 베이면서 와락 물을 쏟아낸다. 토란 줄기의 대부분은 물이다.

이제 한아름되는 이 토란대를 자루에 담아 그늘진 창고에 사나흘 둔다. 수분이 조금 마르고 겉껍질이 끊어지지 않고 질겨질 때쯤 껍질을 벗긴다. 손톱에 검푸른 물 든 손으로 하얗게 드러나는 알몸 같은 속대를 나무젓가락 길이로 자르고 쪼개 햇살에 말린다. 볕이 좋으면 사나흘만 말려도 벌써 꾸덕꾸덕해지면서 몸피가 줄어든다. 이제 바싹 말린 줄기들을 양파망에 넣어 처마 아래 걸어 놓았다가 한겨울 삶거나 볶아 무침을 하거나 얼큰한 육개장 같은 찌개에 넣어 먹으면 그 맛이 깊고 든든하다.

줄기를 잘랐으니 이제 땅속 알토란을 캘 차례다. 잘라낸 토란대를 한 곳에 모아놓고 나무의 그루터기 같은 남은 줄기를 부여잡고 힘껏

당긴다. 삽으로 주변을 파놓았지만 진흙에 뿌리 내린 토란은 쉽게 뽑히지 않는다. 다시 힘을 주어 당긴다. 흙과 덩어리진 뿌리가 들리면서 아래쪽에 동그란 토란 알갱이들이 다닥다닥 붙어있다. 토란대가 워낙 굵어 거름이 줄기로 다 갔나 보다고, 알이 작을 거라고 걱정했는데 기우였다. 알알이 야무지게 여물었다.

어릴 적, 설 명절 음식으로 떡국을 먹고 추석에는 토란국을 먹었다.
토란土卵, 흙에서 나는 달걀이라는 말처럼 작은 국 대접 안에 흰 새알처럼 동그랗게 떠 있던 토란은 파실파실하면서도 삶은 감자나 밤보다는 끈기가 있고 쫀득쫀득했다. 다시마와 소고기, 무, 들깨를 넣은 토란 국물은 고소했다. 나는 토란국이 좋았다.
파푸아 뉴기니섬 카람족은 토란밭을 '성스러운 밭'이라고 불렀다. 그들에게 토란은 중요한 주식이었다. 토란은 한국, 중국, 일본 세 나라 공통의 추석 음식이기도 했다. 한국은 토란국을 끓이고 중국은 구운 토란을 먹으며 복을 빌고 일본은 토란떡, 토란 찜, 토란국까지 다양한 토란 음식을 먹었다. 토란은 더운 기후와 습기가 많은 땅에서 잘 자라 원산지는 인도와 중국, 말레이시아 등 주로 열대지방이다. 오랫동안 구황작물로 귀한 대접을 받았던 예전의 위상에는 못 미치지만 토란은 여전히 많은 지역에서 재배되고 많은 이들에게 사랑받고 있다.

몇 년간 가을에 수확한 씨 토란을 제대로 보관하지 못했다. 어느 겨울엔 날씨가 너무 추워 얼고 어느 겨울엔 날씨가 너무 따뜻해 물렀다. 보관 장소를 창고, 베란다, 다용도실 여기저기로 바꿔 봐도 다음 해 봄에 싹을 낼 만큼 성한 것이 많지 않았다. 연이어 씨 토란을 버리고 난 뒤에 어쩔 수 없이 시장에서 사다 심기 시작했다. 누구는 싹 트는 데 오래 걸리니 쉽게 싹 튼 토란 모종을 사다 심으라 했지만 그것만은 싫었다. 주말 농사도 농사이니 농사를 짓는 이의 자존심일까, 스스로 생각해도 이유가 명확지 않지만 왠지 그것만은 싫었다. 그래서 봄이면 굳이 재래시장을 돌아다니며 씨 토란을 찾았다.

  토란은 산 자보다 망자를 위한 것이었다. 엄마는 토란국을 좋아했다. 추석에 토란국을 먹는 집이 마을에서 점점 드물어져 갈 때에도 끝까지 토란국을 고집한 건 엄마였다. 토란 껍질은 피부에 닿으면 가려움을 일으켜서 비닐장갑이나 고무장갑을 끼고 씻고 껍질을 벗겨야 한다. 껍질을 벗긴 토란은 점성 물질이 있어 이를 없애기 위해 소금물이나 쌀뜨물에 살짝 데치는 게 좋다. 나는 껍질을 벗긴 토란을 쌀뜨물에 살짝 데치는 이유를 단지 미끌미끌한 것을 없애기 위한 것인 줄만 알았는데 아니었다. 토란에 있는 수산 칼륨이 사람의 몸속에 과다하게 축적되면 결석의 원인이 되기도 하는데 소금물이나 쌀뜨물에 삶거나 생강즙을 넣어서 조리하면 괜찮다고 한다. 현대 과학의 연구 결과가 나오기 전 수천 년에 걸쳐 사람들은 경험을 통해 그러한 지혜를 얻었을 것이고 그것을 후세에 전해주었을 것이다. 할머니가 엄마에게, 엄마가 내게 그렇게 토란국 끓이는 법을 가르쳐 준 것처럼.

십 년이 넘는 동안 매년 토란을 심었는데 추석 차례상과 엄마 제사상에 올리기 위한 것이니 많은 양은 아니었다. 열 포기 혹은 스무 포기가 다였다. 그마저도 올봄에는 토란을 포기했었다. 오가던 동네 재래시장들이 도시개발과 재건축으로 없어지고 버스를 타고 가서 돌아본 몇 곳도 토란이 보이지 않았다. 사장님마다 고개를 저었다. 할 수 없이 모종이라도 사야지, 했지만 모종 가게에서조차 토란은 볼 수가 없었다. 시기를 맞추지 못한 탓일까. 아쉬움과 서운함이 컸지만 어쩔 수 없었다. 엄마도 오랜만에 다른 국 좀 드셔보시지 뭐, 하며 나 자신을 위로했다. 읍내 농약과 농자재를 파는 농약사는 가끔 이용하는 곳이었다. 수박 모종을 사러 갔다가 혹시 토란 모종이 있는지 물었다. 기대하지 않았다.

토란 모종?

사장님은 고개를 저었다. 한숨이 절로 나왔다.

몇 포기만 심으려고 하는데 영 구하기 힘드네요.

몇 포기?

그리 적은 양을 왜 심느냐는 의미였다.

엄마가 토란국을 좋아하셨거든요. 해마다 조금씩 심어서 제상에 올렸는데 올해는 씨 토란도 못 구하고 모종도 구할 수가 없네요.

허전한 한쪽 마음의 하소연이었다. 잠깐 사장님은 아무 말이 없었다. 그러더니 그럼 그냥 이거라도 심어 볼라요? 하면서 가게 안쪽으로 들어갔다. 나는 '갑자기 무슨 말씀이지?'하며 기다렸다. 사장님은 구석진 곳에 있던 검은 봉지를 가져와 입구를 벌리며 안을 보여주었다. 토란이었다. 볼품없이 작고 쪼글쪼글했지만 토란은 토란이었고 그중에는 싹을 틔울 수 있는 것들도 꽤 있었다. 나는 반가움에 탄성을 질렀다. 사장님은 덜어서 가져가라고 비닐봉지 하나를 더 내밀었다. 열 개 정도면 된다는 내 말에 사장님은 알이 큰 것을 직접 골라 봉지에 넣어주며 더 가져가라고 했다. 결국 꽤 많이 골랐다. 얼마를 드리면 되겠냐고 했더니 돈은 무슨, 하면서 그냥 가라고 했다. 아니 그래도, 하면서 몇 번을 부추겼으나 사장님은 끝내 거절하셨다. 아는 사람이 씨 토란으로 팔아보라고 가져왔는데 아무래도 팔기에는 상태가 안 좋아 그냥 가지고 있었다고 했다. 몇 번이나 고맙다는 인사를 하고 가게를 나왔다. 이게 웬 횡재람. 이렇게 우연히 씨 토란을 구하다니, 엄마가 토란국을 드시고 싶긴 한가 보다.

그렇게 심은 스물여섯 개의 토란이었다.

엄, 마. 그이의 마음을 움직인 건 아마도 그 단어였을 거라 짐작했다. 그녀의 엄마가 생존해 계시는지, 멀리 떨어져 사시는지, 혹은 어린 나이에 헤어졌는지 그 어떤 사연도 가늠할 수 없지만 그녀가 토란을 내주기 전 아주 잠깐 사이 나는 애틋한 그녀의 마음을 느꼈다. 사이가 좋았든지 나빴든지 상관없이 모든 딸들의 마음을 울리는 말, 엄, 마.

나이가 들수록 딸은 엄마를 닮는다고 했다. 어느 날 언니와 식탁에 마주앉아 한참 얘기를 하는데 어머, 하며 놀랐다. 엄마가 거기 앉아 있었다. 전혀 다른 분위기와 닮지 않은 이목구비라고 생각했는데 아니었다. 언니 나이의 엄마가 나를 건너다보고 있었다. 나도 그런 말을 들었다. 오랜만에 만난 고향 마을 사람이 나를 보더니 "어이구, 엄마를 많이 닮았네." 했다. 내가 엄마를? 어릴 때는 듣지 못했던 말을 나이가 들어 듣고 있었다.

농약사 사장님의 엄마도 농약사 사장님처럼 키가 크고 서글서글할까. 말도 일도 야무지고 마음은 다정하고 따뜻한 분일까. 지금은 혹시 작은 요양원 침대에 누워 주말에 오는 딸을 기다리고 있는 건 아닐까. 알 수 없는 모녀의 사연을 혼자 가늠하다 괜히 마음이 울컥해졌다.

사이사이 논흙을 움켜쥔 토란 뿌리에서 툭 툭 알토란을 떼어낸다. 이 무더기 진 토란을 키워낸 볼품없던 작은 씨 토란과 그것을 건네준 딸과 그이의 엄마, 그리고 올해도 어김없이 토란국 드시러 먼 하늘길 되짚어 오실 엄마를 생각한다. 서로를 단단히 붙들고 있는 세상의 늙은 엄마들과 늙어가는 딸들을 생각한다.

김현미 | 『월간문학』 수필 등단(2023). 『시로 여는 세상』 시 등단(2005). 2023년 한국문화예술위원회 아르코문학창작기금 발표 지원 수필 부문 선정. 2024년 한국문화예술위원회 문학 창작산실 발표 지원 수필 부문 선정.

작가의 방과 된장찌개

전명혜

펜실베이니아에 사는 동생이 어렵게 시간을 내어 내가 사는 뉴욕을 방문했다. 며칠간 머물 예정이었다. 오랫동안 같은 자리에 있어 아파트 가구들이 산만하고 칙칙하게 느껴져 새로운 변화를 주고 싶다고 했더니 동생은 도와주겠다며 이번에 아예 '작가 방'을 만들자고 제안했다. 뉴욕의 작고 허름한 아파트에 나의 '작가 방'이라니, 생각만 해도 기뻐 내 눈은 반짝였고 고개는 저절로 끄덕여졌다. 변화를 조금 줄 뿐 같은 방이겠지만, '작가 방'에서는 금방이라도 불후의 명작이 나올 것처럼 설렜다.

맨해튼의 복잡한 주차와 운전이 힘들다며, 기차를 타고 왔는데도 크고 무거워 보이는 가방을 두 개나 가져왔고 커다란 짐 때문에 멀리서 보이는 그녀의 작은 체구는 더욱 작아 보였다. 한 가방은 밭에서 손수 키운 채소로 만든 반찬이 가득 차 있었다. 언제부터인가 동생은 글루텐이 없는 음식을 먹어야 했고 아무거나 먹을 수 없어 본인이 먹을 음식을 직접 만들고 외식은 될수록 하지 않았다.

내 몫까지 넉넉하게 만들어 왔다. 국물 한 방울 흐르지 않게 몇 겹으로 꽁꽁 싸맨 정성스러운 꾸러미를 풀어보니 텃밭에서 키운 딸기로 만든 달콤한 딸기잼, 향이 나는 깻잎과 깻잎장아찌, 산마늘 장아찌, 집에서 담근 아삭한 단무지, 김치, 고추장, 고추, 못생겨도 싱그러운 오이, 토마토 등이 있었다. 더운 여름이라 짠 음식이라도 행여나 신선함을 잃을까 보랭 가방에 아이스 팩까지 가지고 오느라 무거웠을 동생의 마음이 음식의 무게보다 더 묵직하게 느껴졌다. 동생을 위해 무얼 해 줄지 고민했지만 딱히 내가 해야 할 일이 생각나지 않았다. 침대에 씌울 시트와 여름 이불만 깨끗하게 마련해 두었다. 동생은 언니의 된장찌개가 최고라며 그동안 그리웠고 먹고 싶다고 하니 잘됐다 싶었다. 된장찌개와 맛이 잘 어울리는, 내가 아끼는 짭조름한 진짜 영광굴비도 구워 줄 수 있어서 다행이었다. 된장찌개라면 맛있게 끓일 자신이 있었다.

 젊은 시절, 서울에 살 때 남편은 아침 식사로 빵 먹는 걸 좋아했다. 아파트 단지 안에 외제를 파는 식품점에서 쨈, 버터, 치즈, 햄, 소시지, 초콜릿 등 수입 식료품을 부지런히 사곤 했다. 귀해서인지 맛있었다. 당시 수입품은 꽤 비싸서 우리 집 식비는 상당히 많은 편이었다.

 남편은 아침 식탁에 토스터에서 구운 빵에 미국산 버터와 잼을 듬뿍 발라 노릇한 달걀 프라이와 잘 구운 햄이나 소시지와 함께 시원한 오렌지 주스를 곁들이면 좋아했다. 프렌치토스트, 팬케이크를 만들어 주면 마치 특별한 대접이라도 받는 듯 행복해했다. 내가 만든 팬케이크는 사실 특별했다. 달걀 서너 개를 노른자와 흰자를 분리하여 그릇을 거꾸로 들어도 그릇에서 흰자 거품이 떨어지지 않을 정도로 흰자가 단단할 때까지 저었다. 그런 다음 노른자를 넣어 살살 섞었고, 그 후에 녹인 버터와 우유를 넣고 잘 섞은 후 마지막으로 밀가루를 넣고 반죽해 향긋한 팬 케이크를 만들었다. 베이킹파우더 없이도 잘 부풀어 부드럽고 향긋하고 맛있는 팬케이크가 되었다.

남편이 뉴욕에 주재원으로 오게 되었다. 양식을 좋아하니 음식 걱정은 없을 거라고 생각했는데 내 예상은 빗나갔다. 그렇게 즐겨 먹던 빵을 싫다고 하였고 아침 식사부터 한식을 원했다. 된장찌개, 된장국, 콩나물국을 포함해 반찬까지 만들어야 하니 두부, 간장, 고추장 등 한국 식 재료를 사기 위해 30분이 넘게 걸리는 한인 마트를 부지런히 다녀야 했다. 미국에서 먹는 한식은 미국 생활 어딘가의 느끼함을 없애 줄 뿐 더러 고국에 대한 갈증과 향수를 해소해 주었다. 저녁 식탁도 물론 한식이었다. 저녁 식사의 근사한 마지막 코스는 냄비 밥을 해 만든 누룽지였다. 냄비를 약한 불에 은근하게 오래 눌리면 노릇한 누룽지가 되었고 물을 붓고 푹 끓인 눌은밥은 구수한 냄새와 함께 별미였고 개운했다. 우리에게 삶의 본질적인 행복은 멀리 있지 않음을 가르쳐 주었다.

미국 땅에서 한국말을 하고 한식을 먹는 것은 아직도 변함없는 한국인이라는 긍지를 갖게 하고 이중언어까지 합하면 한국의 국력이라고 생각했다. 아이들에게는 한국인임을 자랑스럽게 여기도록 가르쳤고, 모든 교육의 잣대를 고국의 문화와 풍습에 두었다. 영어가 부족함에도 한국어를 잊을까 걱정하였다. 주변에 한국인이 없었고 미국의 학교생활에 대한 이해가 부족했던 나는 초등학교에 다니는 애들 도시락에 불고기를 정성껏 싸 주기도 하였고 생선전과 창난젓을 함께 넣어준 날도 있었다. 창난젓을 본 친구들이 "이게 뭐야? 마치 지렁이 같아!"라고 놀린 후부터는 학교 카페테리아에서 점심을 사 먹기 시작했다. 피자, 햄버거를 좋아하기 시작하였고 조금씩 미국 아이로 변해갔다.

뉴욕에서 30년을 넘게 살았어도 우리 부부의 한식 사랑은 변함이 없었다. 잠깐 나이아가라 여행을 갈 때나, 먼 유럽 여행에도 몇 가지의 밑반찬을 챙겨갔다. 런던 여행을 할 때 빅 버스를 탔다. 버스 이 층은 지붕이 없이 탁 트여 있어 시원하게 런던의 풍경을 구경할 수 있었다. 지퍼가 없는 백에 넣어 온 타파웨어 용기에 밥과, 당시에는 잘게 썬 김을 팔지 않아, 집에서 준비해 간 김에 밥을 싸서 살짝 식구들에게 건네면, 스낵처럼 잘 먹었다. 밥에 김만 싸서 먹어도 맛있었고 허기를 달랬고 시간까지 절약되었다. 일석 삼조는 여행의 즐거움을 더해주었고 아직도 생생한 잊지 못할 추억이다.

평생 부엌일을 떠날 수 없었던 친정어머니는 딸만큼은 부엌에서 일하는 것을 원치 않으셨다. 여자라도 끝까지 공부해서 결혼 후에도 자기 일을 갖고 있으면 부엌일을 안 해도 살 수 있다는 인생관을 가지고 계셨다. 직장 다니느라 시간이 없다는 핑계로 음식을 만들 줄 모른다는 것이 당시는 그다지 흉이 아니었던 것 같다. 어머니의 바람과는 달리, 다섯 형제의 맏며느리여서 집안의 대소사나 명절 등 식구들이 모이는 날이면 부엌일을 많이 하게 되었다. 함경도 분이신 솜씨 좋은 시어머니는 된장찌개를 특히 맛있게 끓였고 이북 음식이라는 냉면, 만두 등을 잘 만드셨다. 시댁의 음식을 비롯해 차츰 여러 가지를 만들 줄 알게 되었다.

　내 음식을 깊은 맛이 있다고 지인들이 칭찬한다. 음식 맛있게 만드는 것도 머리가 좋아야 한다고 농담처럼 우쭐대지만 사실 내 혀는 예민한 미각을 가져서 맛을 잘 구분한다. 우리 부부의 공통점은 음식을 좋아하는 것이다. 남편의 마음을 상하게 해 둘 사이의 기류가 심각할 때면 된장찌개를 끓였다. 냄새가 퍼지기 시작하면 부엌을 살짝 기웃거리는 남편 모습에서 기분이 벌써 슬그머니 풀어진 것을 느낄 수 있었다. 그래서 아무리 크게 싸워도 남편에게 항상 정성껏 밥상을 차려 주었고 그것은 사랑이 담긴 화해의 손짓이었다.

　어느새 나도 부모님의 나이가 되니 서울에 가면 친구가 직접 담갔다는 된장을 선물 받기도 한다. 된장찌개를 좋아하면서도 된장을 직접 담가본 적은 없다. 예전에 친정이나 시댁에서 메주콩을 삶아 빻아서 메주를 만들어 겉에 곰팡이가 필 때까지 말리는 것을 보았다. 그분들도 몇 년의 세월이 흐른 뒤에는 만들어 놓은 메주를 사서 된장을 담그셨다. 난 나누어 준 된장을 당연하게 생각했고 찌개를 끓였다. 맛있는 국이나 찌개를 끓이려면 우선 된장이 맛있어야 하고 다음에는 손맛이다. 고기보다는 멸치를 선호하는 나는 맛있는 된장찌개를 만들기 위해서 멸치의 맛이 좋아야 하니 서울에 가면 극성스럽게 멸치조차도 중부시장에 가서 공수해 왔다. 넣는 순서도 중요하다고 생각해 멸치와 다시마를 먼저 넣고 끓이다 건져내고 호박, 감자 등 야채를 넣고 살짝 끓이다 된장은 맨 나중에 푼다. 난 고추장을 살짝 넣은 맛이 좋은데 어떤 이는 고춧가루를 넣는다. 마지막에 푸른 고추를 몇 개 숭덩숭덩 썰어 넣으면 초록색의 고추는 눈으로도 찌개를 먹고 싶게 했다. 고추가 없을 때는 고추 하나 사기 위해서 마켓에 간다. 집에서 만든 사골육수가 있으면 서너 숟가락 넣으면 맛이 더 구수해진다. 동생을 위해 만든 된장찌개가 내 입에는 별로 맛이 없었다. 맛있으라고 원래의 분량보다 더 많은 사골국물을 넣었기 때문일 것이다. 넘치는 것은 모자람만 못하다는 말이 이때도 해당하는구나 하고 더 많이 넣어버린 것을 뒤늦게 후회했다. 그런데도 맛있다고 먹는 동생을 보며 재능이 많고 완벽해 보이는 동생이 나보다 부족한 점이 있다면 바로 이런 것이 아닐까 생각했다.

내일은 동생이 떠나는 날이다. 일찍 일어나 기차에서 먹을 김밥을 만들어야겠다. 미리 쌀을 씻어 푹 불려 놓아야 김밥이 맛있다. 출발 전 만드느라 부산스러워 작별 인사 나눌 시간이 줄겠지만, 기차 안에서 동생이 먹을 걸 생각하니 즐겁다. 조금 남은 된장찌개를 병에 담아 놓았다. 떠나는 날 아침, 동생은 내내 조용하였다. 방문을 여니 떠나기 직전까지 방의 마지막 손질을 하고 있었다.

'작가방'에서 글을 쓸 때면 동생과 된장찌개가 늘 생각날 것이다.

전명혜 | 2024년 『월간문학』에서 수필로 신인상을 수상했으며 한국문인협회 회원이다. 공저, 저서 : 수필집 『작가라는 이름으로』.

황혼의 뜨락

김 영

　　도시는 코로나바이러스로 천지가 어둡고, 사회 질서를 작동 불능으로 만들었다. 코로나19 앞에서 속수무책이었다. 극도로 지친 상태라 탈출구가 필요했다. 감포에서 전원생활을 하는 부부가 있다. 답답함을 호소했더니 용기를 내어 오라고 했다. 망설일 틈도 없이 경주행 KTX를 탔다. 그곳에 내려가니 마스크를 쓰지 않고도 일상이 가능해졌다. 탁 트인 자연 앞에서 경이로운 마음으로 하늘을 쳐다보았다. 숨을 들이쉬고 내 쉬니 숨통이 트인다. 감포에 살고 있는 언니는 나에게 마음의 힘을 주는 여류 서예가이다. 순수 예술의 명맥을 이으며 서울에서 활동 중이었으나 의사 생활을 하던 남편이 은퇴 후 감포로 내려가 현재 외로운 노년의 삶을 보내고 있다. 고즈넉한 마을의 풍경은 바라만 보아도 피안에 머무는 듯 고요하다. 거기서의 시간은 아름다운 글을 만난 듯 반갑고, 애정 어린 침묵이 흐른다.

　　조화로운 삶을 살았던 헬렌 니어링 부부가 스친다. 물질문명에서 벗어나 자연환경에 길들여진다. 단순하고 고요하게 평온한 황혼을 누릴 수 있는 최적의 공간, 무엇보다 먹고 살기 위한 노동을 하지 않아도 노후 생활이 준비되었다.

뜨락에는 우아한 자태를 뽐내는 모란이 반긴다. 봄꽃이 쫑긋쫑긋 곁을 준다. 나무 몇 그루가 서 있는데 감나무라는 사실을 이번에 알게 되었다.

오늘 세컨하우스 뜨락에 있는 나무 세 그루가 핸드폰을 타고 올라왔다. 몇 해 전 언니가 전해 준 감이 열려 있던 나무였다. 그 사이 무성하게 자라 마을 사람들이 보기 싫다고 베어버리라는 목소리가 컸다. 하는 수 없이 잘 아는 형님에게 부탁해 베어 버렸는데 밑동을 자르지 않고 남겨 놓았더란다. 왜 바싹 벌목하지 않았을까? 오월이 되니 잘린 나무에서 새싹이 돋아났다. 뿌리에는 힘이 있다.

밑동을 남겨 놓은 형님은 뜨락을 바라보며 제발 싹이 나오기를 간절히 기도했다고 한다. 조금만 더 살다 가라고, 다시 마을 사람들이 지저분하다고 하면 조금씩 쳐주면 된다고, 그 말을 듣던 언니는 말로 표현할 수 없는 감동을 받았다 한다.

병이 든 것도 아닌데 생생하게 살아 있는 생명체를 베어버릴 수밖에 없던 그분의 심정은 어땠을까? 어쩌면 그렇게라도 면죄부를 받고 싶었던 것은 아닐까?

내 기억에는 마을에 몰아치던 폭풍우 속에서도 감나무는 건재했었다. 한여름의 땡볕과 가뭄, 살을 에는 듯한 추위, 병해충의 상처를 껴

안으며 견뎌낸 강인함이 처절하게 꺾이는 순간 얼마나 아팠을까! 외마디의 절규가 하늘에 닿았다. 푸른 하늘을 향해 상승하는 감나무를 보고, 단 한 번의 삶으로 마감되는 노년의 삶을 다시 계획하고 싶었는지도 모른다.

 어느 나무 인문학자는 그 많은 나무 중 감나무를 가장 좋아한다고 했다. 마을 사람들 대다수가 마당에 거의 다 심는 존재감이 없는 나무인데, 어느 날 병이 들거나 바람에 실려 내 집에서 사라지면 감나무의 부재를 인식했다. 뒤늦은 존재감을 알리는 감나무는 평소 조용히 자기에게 주어진 일만 말없이 수행하는 감나무를 통해 내적 성찰을 했다고 한다.

 조그만 뜨락에 자라나는 꽃과 나무들, 생명체의 덧없는 순환을 본다. 생명이 움텄는가 싶으면 잘려 나가기도 하고 부러진 줄기들이 보인다. 어느새 죽어버린 식물들이 썩어 비옥한 땅을 만든다. 죽음을 뚫고 새롭고 다채로운 모습으로 솟아나는 자연의 위대함은 경이롭다.

 뜨락에 감나무를 심고 커가는 모습을 지켜본다. 가을이면 잘 익은 감을 나누어 주던 언니의 따뜻한 손길, 마을 사람들의 압력으로 감나무의 허리를 부러트린 여인, 일상에 지쳐 해방구로 찾아 나선 여행지에서 감나무가 존재했음을 기억하는 나의 시선은 어디에 닿았을까?

 연민과 애정, 하늘 높이 솟아나는 세 그루의 감나무를 응시한다. 어느 가을날 주렁주렁 열매를 맺어 달콤함을 전하겠노라 앞다투며 소곤

거린다.

집안에 마당이 있어 라일락이 피는 것을 지켜본다면 얼마나 좋을까!

안희연 시인의 말처럼 '문학은 모든 사람의 통각을 깨우는 글을 써야 한다'라고 했다.

마음의 풍경을 가꾸기 위해 책을 순례한다. 심연에 자리한 내 언어가 직조되어 어떤 토양에 단단히 뿌리 내리고 향기롭게 피어나기를 소망한다.

김 영 | 『월간문학』 수필 등단(2024) 한국문인협회, 대표에세이 문학회 회원, 대한민국미술대전 입선, 경기미술대전 초대작가, 한국미술협회, 광명미술협회 회원.

추억을 부르는 향

김미숙

강원도 주천으로 캠핑을 가는 중이다. 길가에 늘어선 아카시아꽃이 뽀얗고 앙증맞은 자태로 손을 흔든다. 맑은 날씨가 무색하게 저녁엔 엄청난 양의 비가 온다는 예보다. 이렇게 해가 쨍쨍한데 과연 비가 올까 하는 의구심도 들었지만 안전하게 다리 밑을 이용하기로 했다. 자갈이 펼쳐져 있는 평평한 곳에 자리를 잡고 테이블과 의자를 폈다. 라면을 끓이기 위해 물을 올릴 때쯤 둘째 딸이 남자친구와 함께 왔다. 맛있게 익은 라면을 먹으며 서로 "맛있다"를 연발했다. 맑고 깨끗한 자연이 입맛까지 돋우는 것인지 자연 속에서 먹는 라면은 몇 곱절 더 맛이 있다. 특히 라면이 느끼해질 때쯤 먹는 김치는 또 한 번 감탄사를 자아낸다.

강가에 있는 돌을 징검다리 삼아 걷다 보니 강변을 따라 만들어진 둘레길이 보였다. 입구에 다다르자 '술샘공원'이라는 팻말이 적힌 작은 공원이 나오고 오른쪽으로 길이 펼쳐져 있다. 한참을 걷던 딸과 남자 친구는 황토로 된 섶다리 쪽으로 걸음을 옮기고, 남편과 나는 둘레

길을 계속 걸어갔다. 길가에 심어놓은 삼나무들이 진초록의 푸름을 선사하고 아름드리나무들이 그늘을 만들어 주어 마음속까지 시원했다. 나무를 이용한 계단과 야자 매트로 만들어진 길을 지루할 틈 없이 걷다 보니 비가 한두 방울 떨어지기 시작했다. 비가 더 많이 내리기 전에 차 있는 곳으로 가기 위해 서둘러 뛰기 시작했다.

많이 걷고 뛰어서일까. 출출함이 몰려왔다. 숯을 피우고 삼겹살을 굽기 시작했다. 숯과 어우러져 풍기는 삼겹살의 고소한 냄새는 맡아 보지 않은 사람은 감히 상상도 못 한다. 고기가 다 익어 갈 무렵 불판 가장자리로 등갈비를 죽 늘여 놓았다. 부드러운 삼겹살을 다 먹을 때쯤엔 쫄깃한 등갈비도 맛볼 수 있다. 뭐니 뭐니 해도 대미를 장식하는 것은 바로 김치. 길쭉한 묵은지를 화로에 올려놓는 순간 '치지직'하는 소리와 함께 시큼하고 얼큰한 향이 콧속을 자극했다. 김치 향은 고기의 느끼함을 물리치고 또 한 번 식욕을 불러왔다. 시간이 지나도 그 향은 각인된 모양이다. 여지없이 예전의 기억을 이끌어 오니 말이다.

바야흐로 35년도 더 지난 고등학교 사회 시간이었다. 수업이 한창이던 그때 갑자기 '펑'하는 소리가 교실의 정적을 깼다. 칠판에 글씨를 쓰던 선생님이 휙 돌아보며 "누구야?"하고 고함을 치셨다. 범인을 잡으려는 듯한 형사의 눈빛으로 교실 안을 빙 둘러보시던 선생님과 내 눈이 딱 마주쳤다. 순간 "저 아니에요. 벽에서 소리가 났어요."하고 억울해하면서도 주눅 든 목소리로 말했다. "벽에서 무슨 소리가 나"하고

의심을 풀지 않은 선생님은 내가 앉은 쪽으로 성큼성큼 다가오셨다.

지옥 같은 그 순간, 시큼털털한 냄새가 온 교실에 스멀스멀 퍼졌다. "이거 무슨 냄새야? 누가 도시락 까먹었어?"하고 선생님은 더욱 화난 얼굴로 교실 전체를 둘러보셨다. 아이들은 모두 죄인인 양 고개도 못 들고 서로 눈치만 보고 있었다. "모두 가방 열어봐." 하며 수업 중 갑자기 도시락 검사가 시작되었다. '잡히기만 해봐라'하는 식의 집요한 선생님의 검사가 시작되었지만, 다행히 밥을 먹은 사람은 없었다. 다만 검사에서 빠진 주인 없는 가방 하나가 있을 뿐이었다.

그 가방의 주인은 지난밤 자취방에서 연탄가스를 마시는 바람에 병원에 가고 없었다. 혹시나 해서 그 가방도 열어 보았다. 순간 "어머나" 하고 나도 몰래 비명을 지르며 가방을 떨어뜨리고 말았다. 궁금함을 못 이긴 친구들이 우르르 몰려들었다. "모두 자리에 앉아!" 하는 선생님의 불호령에도 눈을 뗄 수 없는 가방 속의 모습은 너무나 처참했다. 빨간 김치 물이 교과서며 노트며 가방 안쪽을 온통 다 물들였고, 군데군데 김치 조각이 널브러져 있었다. 우리 반 담임이기도 했던 선생님은 "가(개)는 연탄가스로 입원하더니 여도(여기도) 가스폭발을 일으켰네."하는 한마디로 그날의 사건은 막을 내렸다. 오늘처럼 시큼한 묵은지의 향을 맡을 때면 영락없이 그날의 일이 떠올라 남몰래 웃곤 한다.

음식이 귀하던 시절, 김치는 우리에게 없어서는 안 될 중요한 먹을거리였다. 봄엔 겉절이로 만들어 먹고, 여름엔 시원한 물김치로 만들어 먹었다. 그리고 추운 겨울이 오기 전에 김치를 담아 따뜻한 봄까지 먹었다. 지금은 한겨울에도 배추뿐만 아니라 각종 야채를 살 수 있고 김치까지 살 수 있다. 하지만 직접 담근 김치의 맛을 따라 올 수는 없는 듯하다. 힘들지만 매년 김장김치를 담그는 이유이기도 하다. 김치의 진정한 맛을 모르던 아이들도 이제는 담근 김치가 맛있다며 꼭 챙겨간다. 큰딸은 작년 김장 때 도와주지 못하고 김치를 가져가는 것이 미안했던지 올 김장 때는 꼭 도와주고 당당하게 가져갈 거란다.

미국 헬스 지는 세계 5대 건강 식품으로 스페인의 올리브유, 그리스의 요구르트, 일본의 낫토, 인도의 렌틸콩과 함께 우리나라 김치를 선정했다고 한다. 김치는 맛도 좋지만, 영양 면에서도 월등하다는 것을 증명해 주는 결과이지 싶다. 일본 사람들에게 "매일 낫토를 먹느냐?"는 물음에 "아니, 매일 먹지는 않아. 그럼 한국 사람들은 매일 김치를 먹느냐?"고 묻자 "응, 우린 매일 먹어"하고 대답했다는 일화가 생각난다.

예나 지금이나 김치는 우리 밥상에 없어서는 안 될 최고의 반찬이다. 더군다나 내겐 오래전 추억까지 불러오는 더욱 특별한 존재이기도 하다. 아무리 먹어도 질리지 않는 김치, 오늘도 많이 먹었지만 글을 쓰는 지금 이 순간에도 입안 가득 침이 고인다.

김미숙 | 2024년 월간문학 수필 「세번의 아픔」으로 등단. 2007년 청풍명월 환경백일장 시 부문 대상. 제11회 문향 전국여성공모전 수필부문 입선. (사)한국문인협회 회원, 대표에세이 문학회 회원.

차조기 장떡

이순희

풋고추를 듬뿍 넣은 장떡을 부쳤다. 봄 햇살이 거실 안을 스쳐 간다.

옥상에 올라가 장 가르기를 했다. 항아리 속 장물 빛깔이 노르스름하다. 고추, 숯, 대추를 건져내고, 메주를 꺼내 빻은 고추씨와 버무렸다. 장물을 잘박하게 부어 다시 항아리에 담고, 간장은 달여 다른 항아리에 옮긴 뒤 유리 뚜껑을 덮었다. 햇빛 받으며 숙성되길 기다린다.

어릴 적, 장독대가 떠오른다. 엄마는 정월이면 큰 항아리에 든 소금물을 대나무 장대로 휘휘 저어 메주를 넣었다. 삼월이 되면 할머니와 함께 장을 갈랐다. 가마솥에서는 간장 특유의 구수한 내음이 풍겼다. 할머니는 "장은 한 해 농사요. 집안의 대들보나 다름없제. 그만큼 귀한 기라카이." 장의 소중함을 늘 일깨웠다. 된장을 다독다독 눌러 담고, 달인 간장도 항아리에 부었다. 오가는 대화 속에 된장 맛처럼 정이 깊어져 갔다.

할머니는 엄마 음식 솜씨가 최고라며 칭찬했고, 엄마는 외할머니보다 할머니 간장과 된장이 더 맛있다고 치켜세웠다. 우리는 고기와 생선은 가뭄에 콩 나 듯 먹을 수 있었고, 텃밭에서 가꾼 푸성귀 반찬이 전부였다. 조물조물 무친 나물과 호박 넣은 된장찌개로 차린 밥상 앞에서 할머니는 웃음을 보였다. 그중에서 으뜸은 할머니표 장떡이었다. 차조기(향이 강한 보랏빛 들깻잎)와 풋고추에 밀가루와 된장으로 간을 맞춘 반죽을 삼베 보자기 위에 올려 쪄낸 장떡은 매콤하고 짭조름한 최고의 밥반찬이었다. 내 유년 시절은 그렇게 훌쩍 지나갔다.

어느 날부터 중매쟁이가 드나들기 시작했다.

"서울에서 사업을 하는 청년인데요. 직원들 식사 준비와 돈만 세면 된다네요."

시댁 집안 어른과 신랑감 장점만 늘어놓으며, 대문이 닳도록 오갔다. 할머니와 엄마도 '일등 신랑감'이라고 만족해했다. 맞선을 보고 난 뒤 설렘과 두려움에 망설이다가 집안 분위기에 휩쓸려 들어갔다.

결혼과 함께 서울살이를 시작했다. 약속대로 직원들의 밥상을 챙겼으나, 셀 돈은커녕 쓸 돈조차 없었다. 넉넉지 않은 형편을 눈치챈 엄마가 된장과 푸성귀를 이고 정읍에서 완행열차를 타고 서울을 오가기 시작했다. 때로는 직원도 구해주고, 봄이면 된장과 고추장, 김장철이면 김치도 담가 주었다. 나는 밥을 하면서 어깨너머로 보았다. 밥상에는 김치와 강된장, 된장찌개, 된장국…. 온통 된장 판이었다.

한 달에 쌀 80kg 두 가마씩 밥을 하고, 김장철이면 배추 백오십 포기를 절여 김치를 담갔다. 김장을 마치면 콩 두 말을 삶아 메주를 쑤어 띄웠다. 일이 감당 안 될 때마다, 엄마는 타임머신을 타고 온 듯 할머니가 찐 장떡까지 들고 나타났다. 내 신혼은 늘 북적거리는 나날이었다.

　종일 들녘에서 농사일을 마치고, 완행열차를 타고 정읍에서 서울을 오가던 엄마와, 그 사이 집안 살림을 도맡아 했던 할머니의 희생 덕분에, 나는 삶의 터를 잡을 수 있었다. 바쁘다는 핑계로 당연한 듯 받기만 했다. 엄마는 노년에 심한 퇴행성 관절염을 앓았다. 앉았다 일어설 때마다 흘러나던 신음 소리가 귓가에 맴돈다.

　수많은 계절이 지나갔다. 이제는 나도 엄마처럼 해 본다. 가을이 오면 김장을 하고, 고추장을 담근다. 겨울에 항아리에서 잘 익은 고추장은 봄날 그릇에 덜어 냉장고에 넣고, 빈 항아리에 소금물을 부어 메주를 띄웠다. 햇살을 머금고 황갈색으로 익어가는 항아리 속을 들여다보면, 엄마의 손길과 그리움이 가득하다. 어깨너머로 배운 터라 레시피도 없이 감感으로 음식을 한다. 아이들이 분가하기 전에 맛있게 먹던 음식이 생각날 때면, 고기를 갈아 된장 고추장으로 양념한 쌈장, 고등어조림, 장떡을 주섬주섬 챙겨 들고 아이들 집을 오가기도 한다. 어쩌면 나도 엄마를 닮아가는 중인지 모른다.

　점점 음식문화도 달라지고 생활 패턴도 변해가고 있다. 할머니가 만든 장떡은 차조기와 풋고추, 밀가루를 된장으로 반죽해 삼베 보자기에 위에 올려 쪄낸 방식이고, 내가 만든 장떡은 고기를 다져 넣기도 하고 해물을 다져 넣는다. 밀가루와 돼지감자 가루를 섞어 된장과 고추장으로 간을 맞춘 뒤, 프라이팬에 지져낸 변형이지만 풋고추는 꼭 넣는다. 전통이든 변형이든 언제까지 장떡 맛이 이어 나갈 수 있을까.

갓 따낸 야채가 바구니에 가득하다. 덩달아 내 손길도 바빠졌다. 오이는 소금에 살짝 절여 물기를 뺀 뒤 고추장에 무쳤다. 깻잎은 켜켜이 양념장을 입히고, 상추와 부추는 겉절이를 했다. 된장찌개에 넣을 호박은 듬성듬성, 고추는 어슷하게 썰었다. 오늘은 고기 장떡을 프라이팬에 지져냈다. 텃밭에서 얻은 계절의 선물이다.

식탁에 남편과 마주 앉았다. 뚝배기 안 된장찌개가 보글보글 끓는다. 생선 한 토막, 장떡, 신선한 채소로 차린 밥상이 푸짐하다. 장떡을 입에 넣자 추억이 입안 가득 퍼진다. 우리는 눈빛으로 말하고 추억으로 웃는다.

이순희 | 2024년 『월간문학』 수필 등단. 한국문인협회 회원 등.

삼계탕

이효종

　분분히 날리던 벚꽃들은 진즉 사라지고 녹음이 한창 우거져 있었다. 실험실 세미나를 마치고 십여 명의 대학원생들과 함께 저녁을 먹으러 걸어 나갔다. 낮 동안 세상을 약탕기처럼 달이던 햇살이 누그러지고 하루가 파하는 고즈넉한 분위기다. 녹음이 우거지고 간혹 만발한 백일홍꽃이 보이는 소로는 항상 신비롭다. 학생들 몇은 도란도란 이야기를 나누고 가끔씩 웃음소리가 터져 나올 때 부드러운 햇살이 얼굴을 간지럽힌다. 텃밭을 지날 때면 고추잠자리가 군무를 추고, 새들은 아름다운 합창을 들려준다. 조경단 앞을 지나서 소리문화의 전당 쪽으로 가는 길은 대부분 가로수 그늘이 있어 여름날 저녁 산책을 하기에도 안성맞춤이다.

　우리가 찾던 곳은 청국장을 맛있게 끓여주는 집인데, 여름에는 삼계탕이 주요 차림이었다. 요즘에는 삼계탕 재료를 별도로 살 수 있어 대부분 삼계탕 맛이 거기서 거기지만, 그 집은 국물이 훨씬 진하고 찬으로 나오는 바삭한 해물전도 맛있었다.

　삼계탕을 즐기는 나는 아마 몇 주를 계속 그 식당을 찾았던 것 같다.

어느 날 학생들이 조심스럽게 말했다. "교수님, 이제 다른 음식을 먹으면 안 될까요?" 삼계탕을 좋아하는 나는 모두가 나와 똑같이 음식을 즐기는 줄 알았었다. 학생들은 참치회나, 이제는 닭을 먹더라도 불닭 같은 음식을 먹고 싶어 했다. 그제야 나의 삼계탕 사랑이 유별나다는 것을 처음 알았다.

온갖 정성으로 끓여내는 삼계탕은 나에게 음식 이상의 의미가 있다. 이를 생각하면 항상 어머니와 겹쳐서 떠오른다. 나의 유년 시절 어머니는 자식들이 여름 땡볕에 체력이 쇠해졌다는 생각이 들면 삼계탕을 간혹 끓여주셨다. 부채로 더위를 물리치던 시절, 콧등에 땀이 송골송골 맺힌 채로 요리하시던 어머니의 모습이 기억된다. 마당에서 키우던 암탉을 잡아 인삼을 넣고 푹 고아 낸 삼계탕 솥을 열면 누런 기름 위로 뽀얀 수증기와 함께 나오는 신비한 한약 냄새와 구수한 고기 냄새가 식욕을 자극했다.

어머니는 큰형부터 차례대로 살을 찢어서 한 그릇씩 담아주며 형제간의 우애와 질서를 가르치셨다. 탕은 단순한 식사가 아니라 자식들에게 형제간의 질서를 모범으로 베푸는 교육도 되었다.

자식들을 위한 일이라면 당신의 불편한 몸은 아무 문제도 아니었다. 내가 기러기 아빠로 혼자 지낼 때 식사를 부실하게 먹던 시기였다. 어느 날 전화를 걸어 짧게 말씀하셨다.

"집에 좀 들르거라."

어머니는 시장에 가서 커다란 토종닭 두 마리와 삼과 대추를 구해서 들통에 몇 끼를 먹을 수 있는 삼계탕을 끓여 놓으셨다. 젊은 날 혼자 몸으로 농사를 지어 심한 무릎 관절염을 앓고 계시던 어머니였다. 체중도 있었기 때문에 노년에는 걸음을 거의 걷지 못하셨다. 당신의 끼니도 제대로 차릴 여유가 없었을 텐데 자식 걱정에 잠을 설치시는 어머니가 상상이 되었다. 민망한 마음에 혼자 먹을 수가 없었다. 양이 많으니 함께 드시자고 하였으나 어머니의 대답은 완고하셨다.

"약은 나누어 먹는 것이 아니다. 요즘 보니 네 얼굴이 반쪽이 되어서 말이 아니다. 이거라도 먹고 조금이라도 기운을 내거라."

묵직한 들통에 들어있는 삼계탕을 조심스레 집으로 가져왔다. 택시비도 아끼시던 어머니는 버스로 시장에 가셨을 것이다. 절뚝거리는 걸음으로 버스를 겨우 내려서 닭집을 찾고 한약재상까지 한 발짝씩 겨우겨우 옮기셨을 것이다. 못난 자식을 위해 정성으로 닭을 고르고 삼을 가려냈을 것이다. 다시 힘겹게 집으로 돌아와 서 있기도 힘든 몸으로 땀을 흘리며 보약을 달이듯 삼계탕을 끓였을 것이다. 이런 생각을 하니 삼계탕을 한술 뜨기도 전에 울컥 눈물부터 났다.

하얀 김이 뭉글뭉글 피어오르는 들통 안에는 어머니의 땀과 정성이 진득하게 고아져 있었다. 삼계탕 국물에는 수척해진 자식에 대한 근심이 노랗게 녹아있었고, 뽀얀 가슴살은 자식의 건강을 바라는 간절한 염원으로 가득 차 있었다. 그날 불효자식은 어머니의 뜨거운 사랑을 눈물로 먹었다.

이효종 | 『월간문학』 등단 (2024년). 아람수필문학회, 대표에세이문학회, 재미수필문학가협회 활동.
Email : eiprof@naver.com

정목일	지연희	권남희	최문석
고재동	안윤자	김사연	정인자
박영덕	윤영남	박미경	김정화
김금주	류경희	조현세	김선화
이해옥	김윤희	김현희	옥치부
김상환	김경순	허해순	김진진
원수연	전영구	김기자	김영곤
전현주	김정순	신순희	박규리
김순남	최 종	신미선	조명숙
백선욱	이재천	신삼숙	강지연
정석대	박용철	권 은	허복희
이대범	오대환	박소미	손효선
이광순	강문규	정택영	류순희
방용호	우윤문	이혜정	김현미
전명혜	김 영	김미숙	이순희
이효종			

맛, 그리움이 되다

대표에세이 문학회